Wolfgang Burgdorf

Friedrich der Große

Wolfgang Burgdorf

Friedrich der Große

Ein biografisches Porträt

HERDER

FREIBURG · BASEL · WIEN

Originalausgabe

www.herder.de

Satz: Layoutsatz Kendlinger
Herstellung: CPI Moravia Books, Pohorelice

Gedruckt auf umweltfreundlichem, chlorfrei gebleichtem Papier
Printed in Czech Republic

ISBN 978-3-451-06328-2

Inhalt

„Mein Unglück ist, dass ich noch am Leben bin"
Kunersdorf 7

„Des Heiligen Römischen Reiches Deutscher Nation Streusandbüchse"
Eltern und Land 12

„Mein Bruder Narziss"
Die Geschwister 22

„Die Tyrannei des Königs wird immer schlimmer"
Friedrichs Jugend 33

„Unser Jammer war unbeschreiblich"
Die Katastrophe des Jahres 1730 44

„Für einige Freuden habe ich tausend Mühen erfahren"
Unterwerfung und Bewährung 56

„Madame sind korpulenter geworden"
Die Heirat mit Elisabeth Christine 60

„Wir waren dort alle wie gute Freunde"
Glückliche Jahre in Rheinsberg 65

„Seien Sie moralisch, o seien Sie moralisch!"
Königliche Liebschaften 76

„Die Welt hat kein schöneres Genie hervorgebracht"
Friedrich und Voltaire 104

„Was kümmert mich, wenn Euch Vernunft auf Thronen schreckt?"
Die Thronbesteigung 114

„Brechen Sie auf zum Rendezvous des Ruhms“
Zwei Schlesische Kriege 122

„Renversement des alliances“
Umkehrung der Bündnisse 1756 139

„Die Russen sind geschlagen! Frohlockt mit mir!“
Dritter, Siebenjähriger Schlesischer Krieg 141

„Le Miracle de la maison Brandenbourg“
Der Hubertusburger Frieden 167

„Ach, zum Teufel, das ist ein schöner Ruhm“
Wiederaufbau – neue Provinzen im Frieden. 182

Das „Lust-Haus zu Potsdam“
Preußisches Rokoko 191

„… bis alles geschluckt sei“
Drei Teilungen Polens 1772 bis 1795 198

„Man sieht selten solche Fürstinnen wie sie“
Bayerischer Erbfolgekrieg 1778 201

„Betrachtungen über den politischen Zustand von Europa“
Fürstenbund 1785 205

„Die Prinzen wissen so schon zeitig genug, dass sie Prinzen sind!“
Kronprinzenkonflikt 210

„La montagne est passée, nous irons mieux“
Das Ende 213

Literatur 223

Bildnachweise 224

„Mein Unglück ist, dass ich noch am Leben bin“

Kunersdorf

Am Abend des 12. August 1759 resümierte König Friedrich II. von Preußen: „Ich habe heute morgen um 11 Uhr den Feind angegriffen. Wir haben sie bis zum Judenkirchhof bei Frankfurt zurückgedrängt. Alle meine Truppen haben Wunder an Tapferkeit vollbracht, aber dieser Kirchhof hat uns ungeheure Verluste gekostet. Unsere Leute gerieten durcheinander, ich habe sie dreimal wieder rangiert, am Ende war ich selber drauf und dran, gefangen zu werden, und musste das Schlachtfeld räumen. Meine Kleidung ist von Kugeln durchlöchert. Zwei Pferde wurden mir unter dem Leib erschossen, mein Unglück ist, dass ich noch am Leben bin. Unsere Niederlage ist enorm. Von einer Armee von 48 000 Mann habe ich keine dreitausend mehr. Indem ich dies schreibe, flieht alles.“ Das Ergebnis der Schlacht von Kunersdorf.

Drei Jahre nach Beginn des Dritten Schlesischen Krieges schien Preußen verloren. 1756 hatten die Hauptmächte des kontinentalen Europa sich zusammengefunden, um die Ergebnisse des Ersten und Zweiten Schlesischen Krieges zu revidieren. In diesen Kriegen ging es nicht allein um Schlesien, die reiche Provinz, welche Friedrich Maria Theresia, der jungen Erbin sämtlicher habsburgischer Besitzungen, 1740 entrissen hatte. Großbritannien und Frankreich kämpften um ihre Stellung in der Welt, um Besitzungen in Amerika und Indien. Im Heiligen Römischen Reich Deutscher Nation ging es um die Frage der Emanzipation oder Unterordnung Preußens gegenüber Österreich, das auch den Kaiser stellte. Und Europa war mit der Frage konfrontiert, ob Preußen als fünfte Großmacht neben Frankreich, Großbritannien, Russland und Österreich bestehen konnte. Mit Ende des Ersten und Zweiten Schlesischen Krieges 1742 und 1745 hatte Preußen Schlesien behauptet und war auch nach dem Österreichischen Erbfolgekrieg 1748 im Besitz der Provinz bestätigt worden. Jahrelang hatte der österreichische Staatskanzler Wenzel Anton Graf von Kaunitz daraufhin versucht, eine große Koalition zu bilden, mit deren Hilfe die Provinz zurückgewonnen werden sollte. Doch erst der preußische Überfall auf Sachsen am 29. August 1756, der die Vereinigung der Kräfte der großen Koalition zu verhindern suchte, führte letztlich zu ihrem Zusammenschluss.

Österreich trachtete nach der Rückgewinnung Schlesiens. Dafür war es bereit, dem verbündeten Frankreich unter Ludwig XV. die österreichischen Niederlande abzutreten, das heutige Belgien, welches fern der Masse der habsburgischen Territorien schwer zu verteidigen war. Russlands Zarin Elisabeth, die Tochter Peters des Großen, hoffte auf das polnische Herzogtum Kurland und Semgallen. Polen sollte dafür mit Ostpreußen, der Grundlage des Königtums der Hohenzollern, entschädigt werden. Auch Schweden hatte seit 1679 mehrere der im Dreißigjährigen Krieg eroberten deutschen Gebiete an der Ostseeküste an Brandenburg-Preußen verloren. Dies wünschte der schwedische Monarch Adolf Friedrich nun zu revidieren. Da Friedrich II. den Krieg mit dem Überfall auf Sachsen begonnen hatte, wie Kurbrandenburg Teil des Heiligen Römischen Reiches Deutscher Nation, hatte ihm auch das Reich wegen Landfriedensbruchs den

Krieg erklärt. Kurfürst Friedrich August II. von Sachsen, der erste Leidtragende des preußischen Überfalls, wollte auf Kosten Preußens eine Landverbindung zu Polen erwerben, das er in Personalunion als König August III. gemeinsam mit dem Großherzogtum Litauen regierte.

Angesichts der Tragödie von Kunersdorf resignierte Friedrich II. und dankte ab. Das Kommando über die Reste seiner geschlagenen Armee übertrug er Generalleutnant Friedrich August von Finck und bestimmte seinen Bruder Prinz Heinrich zum Oberbefehlshaber sämtlicher Streitkräfte des Landes. An seinen leitenden Minister Finck von Finckenstein schrieb er: „Dieses Unglück ganz wiederherzustellen geht nicht, indessen was mein Bruder befehlen wird, das muss geschehen, meinem Neffen muss die Armee schwören." Dieser Neffe war sein Thronfolger, der älteste Sohn seines verstorbenen Bruders August Wilhelm, der spätere König Friedrich Wilhelm II. Friedrich nahm Abschied vom Königtum und vom Leben. Er ärgerte sich, dass er überlebt hatte. Er hätte keine bessere Gelegenheit zum Sterben finden können. Eine Kugel war in seiner Tabaksdose stecken geblieben. Nur das beherzte Eingreifen des Rittmeisters Joachim Bernhard von Prittwitz hatte ihn vor der Gefangennahme bewahrt.

Der König hatte resigniert und teilte seine Entscheidung den wichtigsten Männern in Staat und Armee mit. Er unterließ es aber nicht, diese Mitteilungen mit weiteren in die Zukunft reichenden Befehlen zu verbinden. So befahl er Generalleutnant Karl Christoph Graf von Schmettau, dem Kommandeur von Dresden, falls die Stadt sich nicht halten ließe, rechtzeitig eine vorteilhafte Kapitulation auszuhandeln, um die Kassen, die 5 600 000 Taler enthielten, durch freien Abzug zu retten.

Schon in einer Geheiminstruktion vom 10. Januar 1757 hatte der König für den Fall seines Todes oder seiner Gefangennahme vorgesorgt und Finckenstein die Führung der laufenden Staatsgeschäfte übertragen. Als er ihm die Nachricht von der Katastrophe von Kunersdorf mitteilte, beendete er sie mit den Worten „Adieu für immer". Offensichtlich wollte er Selbstmord begehen. Seit Jahren trug er für diesen Fall eine Dose mit Gift bei sich.

Woher kam diese immer wieder aufflackernde Todessehnsucht bei Friedrich? Dass der Tod ihm als Flucht- und Sehnsuchtsort selbstverständlich schien, war wie bei seiner Schwester Wilhelmine vorrangig den Familienverhältnissen geschuldet. Beide äußerten häufiger, sie wollten lieber sterben, als länger der Brutalität des Vaters ausgesetzt sein.

Darüber hinaus waren Friedrichs häufige Selbstmordgedanken Folge der 1740, mit dem Überfall auf Schlesien, selbstverschuldeten außenpolitischen und kriegerischen Grundkonstellation. Sie führte zu einer jahrzehntelangen Überforderung des Landes und auch Friedrichs. So wurde seine Todessehnsucht zur endlosen Litanei seiner Korrespondenz und Gespräche mit seinen Geschwistern und Vertrauten. Seine Vorstellung vom eigenen Selbstmord war nicht stoischer Natur. Er dachte nicht an einen stillen Rückzug, nein, er wünschte ein entschieden dramatisch inszeniertes Ereignis, ein Leichenbegängnis, wie es die Welt nicht vergessen sollte, hinterlegt mit Trommelwirbeln und Kanonendonner.

Dieser grundsätzliche Entschluss, jederzeit die eigene Existenz und die des Staates zur Disposition zu stellen, wurde ihm zur größten Hilfe, wenn es galt, gefährliche Entscheidungen ohne langes Zögern und Grübeln zu treffen.

Und diese Eigenschaft unterschied ihn grundsätzlich von seinen Standesgenossen, die in der Regel gerade den Erhalt der eigenen Person als das Wichtigste, ja geradezu als den Staatszweck ansahen.

Diese Kontinuität der Heilssuche im Tod, als dem absoluten Ende allen Unheils, erlischt mit dem Ende des Siebenjährigen Krieges 1763. Doch der Tod bleibt ein beherrschendes Thema für Friedrich. Die Strapazen der vielen Feldzüge haben ihn seelisch und körperlich gezeichnet. Krankheiten und Schwäche erinnern ihn immer häufiger an sein baldiges Ende, zumal Großvater und Vater im mittleren Alter verstarben. Er hatte das Gefühl, seine eigene Zeit überlebt zu haben. Mehr noch als die Drangsale des Greisendaseins quälte ihn das Bewusstsein, dass sein Tod auch das Ende seines Werkes, das Ende Preußens sein werde, weil seine Nachfolger nicht über seine Fähigkeiten verfügten. Nun galt es, gegen den eigenen Tod zu kämpfen, um das Werk nach Möglichkeit noch ein Stück weiter zu befestigen.

„Des Heiligen Römischen Reiches Deutscher Nation Streusandbüchse"

Eltern und Land

Friedrich war am 24. Januar 1712 zur Welt gekommen. Seine Mutter Sophie Dorothea wurde 1687 als Tochter des Kurfürsten Georg von Hannover, der 1714 in Personalunion auch König von Großbritannien wurde, geboren. Am 28. November 1706 hatte sie ihren Cousin, den preußischen Kronprinzen Friedrich Wilhelm geheiratet. Friedrichs ältere Schwester Wilhelmine hat in ihren Memoiren folgendes Bild der Mutter gezeichnet: „Die Königin ist niemals schön gewesen, sie ist pockennarbig, und ihre Züge sind keineswegs klassisch. Ihre Haut ist weiß, ihre Haare dunkelbraun, ihre Figur ist eine der schönsten, die es je gab. Ihre edle und majestätische Haltung flößt allen, die sie sehen, Ehrerbietung ein, ihre große Weltgewandtheit und ihr glänzender Geist deuten auf mehr Gründlichkeit, als ihr eigen ist. Sie hat ein gutes, großmütiges und mildreiches Herz, sie liebt die Schönen Künste und die Wissenschaften, ohne sich allzu sehr mit ihnen befasst zu haben. Sie verkörpert allen Stolz, Hochmut des Hauses Hannover. Ihr Ehrgeiz ist maßlos, sie ist grenzenlos eifersüchtig, argwöhnischen und rachsüchtigen Gemütes und verzeiht nie, wo sie sich für beleidigt hält."

Die Mutter lebte stets in Angst und Unterwürfigkeit gegenüber ihrem Gatten. Von gefühlsmäßiger Zuwendung zu ihren Kindern ist kaum die Rede. Einerseits war sie ständig schwanger, andererseits hatte sie höfische Repräsentationspflichten zu erfüllen, die ihrem Gemahl wenig lagen. Sie richtete ihre ganze Aufmerksamkeit auf das Projekt einer Doppelheirat der beiden ältesten Kinder Wilhelmine und Friedrich mit ihrem väterlichen Königshaus. Mit ihren vornehmen Verbindungen versuchte sie, den plumpen Gatten zu überlisten. Die englische Option hätte auch der Tradition entsprochen, schließlich hatte nicht nur Friedrichs Vater, sondern auch sein Großvater, Friedrich I., eine Prinzessin aus dem Hause Braunschweig-Hannover geheiratet. Die Mutter hoffte, ihren politischen Einfluss durch die Vermählung der beiden ältesten Kinder mit ihrer Familie zu verstärken.

Friedrichs Vater Friedrich Wilhelm wurde als Sohn des Kurprinzen Friedrich und Sophie Charlottes von Braunschweig-Lüneburg 1688 geboren. Er teilte weder die musisch-philosophischen Interessen seiner Mutter, die sich gerne mit Leibniz unterhielt, noch die höfische Prunkliebe des Vaters. Mit zehn Jahren bekam er vom Vater das Gut Wusterhausen zur eigenen Bewirtschaftung geschenkt. Hier übte er im Kleinen, was er später erfolgreich auch im Staat durchexerzierte. Früh entwickelte er eine Leidenschaft für das Militär, ohne sich jedoch leichtfertig auf Kriege einzulassen. Als Kurprinz nahm er im Dienst des Kaisers am Spanischen Erbfolgekrieg und nach dessen Beendigung am Nordischen Krieg teil. Neben dem stehenden Heer manifestierte sich seine soldatische Neigung insbesondere in seiner Garde, den Langen Kerls. Ab seinem vierzehnten Lebensjahr nahm er an den Sitzungen des Staatsrats teil. Obwohl er die Regierungsweise seines Vaters kritisch beurteilte, kam es nicht zu einem typischen Kronprinzenkonflikt, wie ihn sein Vater mit seinem Großvater ausgetragen hatte und er ihn mit Friedrich austragen sollte.

Von Mai bis Juli 1708 vertrat er seinen Vater erstmals während eines Kuraufenthaltes und übernahm 1711, als sein Vater in den Niederlanden weilte, erneut die Regierungsgeschäfte. 1709 führte er die preußischen Regimenter im Spanischen Erbfolgekrieg und erregte bei den Alliierten durch seine Exerzierübungen Heiterkeit. Am 11. September 1709 nahm er an der Schlacht bei Malplaquet, der blutigsten des Spanischen Erbfolgekrieges, teil. Im Testament von 1722 warnte er seinen Nachfolger vor unmoralischen Kriegen: „Ich bitte Euch, keinen ungerechten Krieg anzufangen, denn Gott hat ungerechte Kriege verboten, und ihr müsst immer Rechenschaft ablegen für jeden Menschen, der in einem ungerechten Krieg gefallen ist."

Während des Feldzuges lernte er Leopold I. von Anhalt-Dessau kennen, der bis zu seinem Tod zu seinen wichtigsten Beratern gehören sollte. Friedrich Wilhelm orientierte sich am Pietismus und förderte Pietisten in allen Zweigen von Staat und Armee. Das Land war überwiegend lutherisch, die Dynastie seit 1613 calvinistisch. Die calvinistische Prädestinationslehre, wonach alles von Gott vorausbestimmt war, stärkte das hohe Standesbewusstsein der Familienmitglieder.

1713 übernahm Friedrich Wilhelm einen mit zwanzig Millionen Talern hochverschuldeten, landwirtschaftlich geprägten Staat mit 1,6 Millionen Einwohnern, dessen einzelne Gebiete weit auseinanderlagen. Nach dem Tod seines Vaters entließ Friedrich Wilhelm I. sämtliche Inhaber von Hofämtern und strich die Pensionslisten zusammen, reduzierte den Hofetat von 276 000 auf 55 000 Taler. Preußen wurde ein spartanisches Land.

Friedrich Wilhelm I., Antoine Pesne 1729

Brandenburg-Preußen, insbesondere das eigentliche Brandenburg, wie Friedrich II. es vorfand, „des Heiligen Römischen Reiches Deutscher Nation Streusandbüchse", war ein ärmliches Land. Die Kerngebiete um Berlin, Altmark, Mittelmark, Neumark, Uckermark und Prignitz wurden 1618 durch Erbe um das Herzogtum Preußen, das spätere Ostpreußen, erweitert, ebenso kamen 1614 bzw. 1666 im Westen das Fürstentum Kleve, die Grafschaften Mark und Ravensburg hinzu, im Westfälischen Frieden 1648 wurde Hinterpommern erworben, ebenso Halberstadt und Minden, 1680 kam, nach dem Tod des letzten sächsischen Inhabers, als Spätfolge des Westfälischen Friedens, das Herzogtum Magdeburg hinzu. Unter Friedrich Wilhelm I. folgten im Frieden von Stockholm am 21. Januar 1720 die Stadt Stettin mit dem Gebiet zwischen Oder und Peene, die Inseln Wollin und Usedom sowie das Oderhaff und die Mündungen der Swine und Dievenow. Die Kerngebiete um Berlin waren mit ihren sandigen Böden wenig ertragreich. Insgesamt war das Land wirtschaftlich schlecht entwickelt, es fehlte an Manufakturen. Ostpreußen, das landwirtschaftlich ertragreicher war, ließ sich wie die isolierten Besitzungen im Westen im Kriegsfalle kaum verteidigen. Die Zerrissenheit des Landes, vom östlichen bis zum westlichen Ende des deutschsprachigen Europa, machte eine einheitliche kraftvolle Politik schwierig, eine einheitliche Wirtschaftpolitik unmöglich. Dennoch war im Laufe der Zeit unter den Hohenzollern der mit großem Abstand nach Österreich zweitgrößte Territorialbesitz im Reich entstanden. Er verfügte aber nicht annähernd über das wirtschaftliche Potenzial Sachsens.

Im Preußen des 18. Jahrhunderts bildeten Bauern den größten Stand mit den wenigsten Rechten, Stadtbürger konnten ganz unterschiedlich mit Rechten ausgestattet sein. In der Regel waren sie zum Beispiel vom Militärdienst befreit. Dem Adel war der höhere Dienst in Armee und Verwaltung vorbehalten. Von Abgaben war er weitgehend befreit, aber er durfte das Land nicht ohne königliche Erlaubnis verlassen.

Auch Friedrich beurteilte die Ressourcen seines Reiches, abgesehen von Schlesien, eher zurückhaltend. „Ich gestehe, dass, Libyen ausgenommen, wenige Staaten sich rühmen können, es uns an Sand gleich zu tun", schrieb er an Voltaire. Wie schon sein Vater forcierte Friedrich die Bewaldung dieser Wüstenlandschaft.

Die Markgrafschaft Brandenburg war aber dadurch hervorgehoben, dass ihr Herrscher neben den Erzbischöfen von Mainz, Köln und Tier, den Herzögen von Sachsen und Bayern sowie dem Pfalzgraf bei Rhein und dem König von Böhmen zu den acht Kurfürsten gehörte, die das Recht hatten, den Kaiser des Heiligen Römischen Reiches Deutscher Nation zu wählen. Dieses Wahlreich war der frühneuzeitliche Staat der Deutschen, mit dem Böhmen, die österreichischen Niederlande, das heutige Belgien, sowie Teile Norditaliens in relativer Selbstständigkeit verbunden waren. Ein Reich, das zusammengesetzt war aus Territorien ganz unterschiedlicher Art, von einzelnen Dörfern und Städten bis zu flächendeckenden Herzogtümern, geistlichen und weltlichen Fürsten unterschiedlicher Religion. Einige Reichsfürsten hatten durch Wahl oder Erbe Königreiche erworben, die außerhalb der Reichsgrenzen lagen, Böhmen, Polen, England und auch Preußen. Durch ihre gestiegene Macht fügten sich diese Reichsfürsten mitunter nur noch widerwillig der Reichsdisziplin, d.h. den Mehrheitsentscheidungen des Reichstages, den Anordnungen des Kaisers und der Reichsgerichte.

Im Geiste des Merkantilismus förderte Friedrich Wilhelm I. das einheimische Gewerbe. Bei seinem Tod hinterließ er im Keller des Berliner Schlosses einen Staatsschatz von acht Millionen Talern, der jährliche Etat betrug sieben Millionen Taler und wurde zu über 80 Prozent für das Militär ausgegeben. 1722 errichtete er mit dem Generaldirektorium eine einheitliche Finanzverwaltung. Indem er die regelmäßigen Arbeitszeiten der Staatsdiener festlegte, schuf er den modernen Berufsbeamten. Die 1731 aus Salzburg vertriebenen Protestanten, später auch böhmische Protestanten, siedelte er in Ostpreußen an, das durch die Pest entvölkert war. Schon unter seinem Großvater, dem Großen Kurfürsten, waren die aus Frankreich vertriebenen Hugenotten aufgenommen worden.

Die Armee vergrößerte er von 40 000 auf 80 000 Mann und schuf damit die viertgrößte Militärmacht Europas. Der Adel bekam das Monopol auf die Offiziersstellen, was bis ins 20. Jahrhundert nachwirkte. Die Laufbahnen in Verwaltung und Armee banden den einheimischen Adel an den Herrscher. 1733 führte er das Kantonsystem ein, indem jedem Regiment ein bestimmter Bezirk zugewiesen wurde, aus dem ein Teil der Mannschaft rekrutiert werden musste – eine Vorstufe der allgemeinen Wehrpflicht. Da viele der Eingezogenen wie der König selbst auch im Alltag ihre blauen Uniformröcke trugen, wurde das Land quasi blau. So konnte bei Fremden der Eindruck entstehen, Preußen sei kein Staat mit einer Armee, sondern eine Armee mit einem Staat. 1717 wurde die allgemeine Schulplicht zumindest formal eingeführt.

Seine außenpolitischen Ambitionen richteten sich vorrangig auf den Erwerb der Herzogtümer Jülich und Berg. Kaiser Karl VI. hatte ihm mehrfach seine Unterstützung dafür zugesagt. Als der König sich am Ende seines Lebens darin getäuscht sah, hoffte er, dass sein Thronfolger Friedrich ihn rächen würde.

In seinem Tabakskollegium herrschte ein derber Ton, und es wurde viel getrunken. Von den Teilnehmern erfuhr der König aber auch, was man in Staat und Armee dachte. Anders als die meisten Herrscher seiner Zeit unterhielt er keine Mätressen.

Friedrich Wilhelm wurde von Zeitgenossen als jähzornig, gewalttätig, geizig und bigott geschildert, ein „frommer Sadist". Gleichzeitig aber war er auch ein begabter Reformer, der seinen heterogenen Landesteilen durch den Aufbau einer einheitlicheren, hierarchisch gegliederten Verwaltung mehr Zusammenhalt verlieh. Dieses Reformwerk schützte er durch den Ausbau der stehenden Armee. Durch die effiziente Neugestaltung der Verwaltung gilt Friedrich Wilhelm I. als Preußens „größter innerer König".

Zeitgenössische Gesandtenberichte vom preußischen Hof bezeichnen ihn als einen gefährlichen Narren, dessen Hauptargument der Stock sei. Staat und Familie regierte er nach denselben Grundsätzen wie sein Heer.

Sein Sohn Friedrich wurde in eine herzlose Familie ohne Zusammenhalt hineingeboren. Die beiden älteren Geschwister, ständig in die sich gegenseitig ausschließenden politischen Heiratspläne der Eltern und den damit verbundenen Hofintrigen verstrickt, mussten zwangsläufig immer ein Elternteil verdrießen. Allein zwischen Friedrich und seiner Schwester Wilhelmine gab es Anflüge von Herzlichkeit. Beide sahen in dem englischen Doppelheiratsprojekt eine Chance, sich dem gewalttätigen Einfluss des Vaters zu entziehen. Die Interessenskämpfe zwischen der prohabsburgischen und der für England eintretenden Partei am Hof, hinter denen Friedrich Wilhelm I. auf der einen sowie Königin Sophie Dorothea, Prinzessin Wilhelmine und Friedrich auf der anderen Seite standen, bestimmten das gesamte Leben. Aber der König blieb ein treuer Verbündeter Österreichs und Kaisers.

Nicht nur politisch, auch in ihrem Wesen wiesen Friedrichs Eltern Unvereinbarkeiten auf. Das patriarchalische Familienleben und die erzieherische Autorität des Königs wurden durch die respektlose Art, in der Königin und Kinder miteinander über den König sprachen, untergraben. Dennoch legte der Vater Wert auf ein fast bürgerliches Familienleben. Während Friedrich Wilhelm in Wusterhausen oder Potsdam Mittagsschlaf hielt, hatte die versammelte Familie anwesend zu sein. Die Mahlzeiten der königlichen Familie waren einfach. War der König übler Laune, wurden sie reduziert. Friedrich musste zur Strafe öfters vor einem leeren Teller sitzen. Seine Geschwister Wilhelmine und August Wilhelm erinnerten sich als Erwachsene, dass sie „vor Hunger manchmal halb gestorben" seien.

Friedrich Wilhelms leitender Minister Friedrich Wilhelm von Grumbkow galt als geschickter, wenn auch eigennütziger Diplomat. Er stand auf der Gehaltsliste des Wiener Hofes und war dem Kronprinzen nicht wohlgesonnen. Grumbkow agierte meist im Einvernehmen mit dem österreichischen Gesandten Friedrich Heinrich Reichsgraf von Seckendorff, einem Kriegshelden und Heerführer. Seckendorff hatte es in oranischen, ansbachischen, polnischen und zuletzt in österreichischen Diensten zum Feldmarschallleutnant gebracht. Wie Friedrich Wilhelm I. war er an der Eroberung Stralsunds im Nordischen Krieg beteiligt. Seckendorffs diplomatische Missionen wurden oft durch militärische Verwendungen unterbrochen. Vor seiner Bestellung zum kaiserlichen Gesandten am Berliner Hof 1726 war er bereits Gesandter in den Niederlanden gewesen. Gemeinsam mit Grumbkow nahm er maßgeblichen Einfluss auf die Politik Friedrich Wilhelms I. und arrangierte auch die Heirat Friedrichs mit Elisabeth Christine von Braunschweig-Wolfenbüttel-Bevern, einer Nichte der Kaiserin.

Ein enger Vertrauter Friedrich Wilhelms war Fürst Leopold I. von Anhalt-Dessau, der „alte Dessauer". Er hatte 1698 gegen den Willen seiner Eltern eine Apothekertochter geheiratet. Wie Seckendorff kannte er die meisten Kriegsschauplätze seiner Zeit aus eigener Anschauung. Er war der Schöpfer der preußischen Armee, die Friedrich übernahm. In Anlehnung an die Antike führte er den Gleichschritt ein, und um 1700 ersetzte er den hölzernen durch einen eisernen Ladestock, der ein schnelleres Nachladen ohne zu zerbrechen ermöglichte und so die Schussfrequenz erhöhte. Gleichzeitig diente er als Zuchtinstrument während des Spießrutenlaufens und wurde so zum Synonym für preußischen Drill. Leopold von Anhalt-Dessau hat wesentlich zum erfolgreichen Abschluss des Zweiten Schlesischen Krieges beigetragen.

„Mein Bruder Narziss"

Die Geschwister

Friedrich hatte insgesamt dreizehn Geschwister. Die Brüder Friedrich und Friedrich Wilhelm waren vor seiner Geburt gestorben. Die ein Jahr nach ihm geborene Charlotte starb im folgenden Jahr, der 1717 geborene Karl 1719. Von seinen Schwestern ist die drei Jahre ältere Wilhelmine am bekanntesten. Sie hat, selten für eine Frau im Deutschland ihrer Zeit, Memoiren hinterlassen und prägte so das Bild der Kindheit und Jugend Friedrichs und seiner Geschwister. Wilhelmine war das einzige Familienmitglied, mit dem Friedrich ein vertrautes Verhältnis pflegte, sie war seine beste Freundin. Auch bei ihr findet sich früh der sehnsüchtige Wunsch, durch den Tod vom Vater erlöst zu werden.

Wie Friedrich litt auch sie unter ihrer unzureichenden Ausbildung und bemühte sich selbst um deren Vervollkommnung. Begeistert lobte Friedrich, man könne sich mit ihr „über die heterogensten Dinge, über Frisuren, über Krieg und Politik unterhalten". Mehr als seinen Erziehern schrieb Friedrich Wilhelmine seine frühe Selbstdisziplinierung und autodidaktischen Bemühungen zu. Es sei auch ihrem Einfluss zu verdanken, dass er sich fest vorgenommen habe, sich niemals von anderen Personen „lenken zu lassen". Vor allem diente Wilhelmine ihrem Bruder in den Auseinandersetzungen mit dem Vater als seelischer Beistand.

Friedrichs Einstellung zur Arbeit entsprach nicht nur der Anleitung Wilhelmines, sondern auch dem calvinistischen Ethos seines Vaters, der der Meinung war, ein Herrscher müsse „seine Affären alle selber tun" und seinen Nachfolger mahnte: „Der liebe Gott hat euch auf den Thron gesetzt nicht zum Faulenzen, sondern zum Arbeiten."

Friedrich, der politische Unterhandlungen in der Regel selbst führte, betraute Wilhelmine während der schwierigsten Phasen des Siebenjährigen Krieges mit außenpolitischen Verhandlungen. Voltaire attestierte ihr umfangreichen Geist und Talente.

Die räumliche Trennung der Geschwister, erst durch Friedrichs Gefangenschaft, dann durch Wilhelmines Heirat mit dem Erbprinzen von Bayreuth 1731, führte zu einer größeren Distanz. Nach der Thronbesteigung ihres Bruders kühlte ihr Verhältnis zeitweise ab. 1742 bis 1747 trat eine Entfremdung zwischen ihr und Friedrich ein. Durch die amourösen Verwicklungen ihres Gemahls war sie an die Seite der österreichischen Partei am Bayreuther Hof gedrängt worden.

Bayreuth, als Stätte der Kultur, war eine Schöpfung Wilhelmines. Als Frau von Geist und Förderin der Kultur erscheint sie ihrem königlichen Bruder kongenial. Ihr ist auch die Gründung der Universität Erlangen zu verdanken.

Im Vorfeld ihres frühen Lebensendes wurde bei Wilhelmine die Sehnsucht nach einem erlösenden Tod erneut beherrschend. Die unglückliche Liebe zu ihrem angebeteten, aber untreuen Gatten trug dazu ebenso bei wie Friedrichs Missgeschicke auf den Kriegsschauplätzen. Sie starb am 14. Oktober 1758, am selben Tag, als Friedrich die Armee bei Hochkirch so unvorteilhaft zur Schlacht aufgestellt hatte, als wollte er sich und das Heer ebenfalls dem Tod anheimgeben.

Zu keinem Familienmitglied unterhielt Friedrich ein so vertrauliches Verhältnis wie zu Wilhelmine. Etwas, das ihn

Kronprinz Friedrich mit seiner Schwester Wilhelmine, Antoine Pesne 1714

in seinem Innersten bewegte, konnte er aber auch ihr nicht eröffnen, seine Neigung zu Männern. In einsamer Isolation, ohne jeden Rückhalt, musste er damit fertig werden. Sein Bruder Heinrich, der diese Vorliebe später teilte, war erst ein vierjähriges Kind, als 1730 die fast tödliche Katastrophe über Friedrich hereinbrach.

Auch die zwei Jahre nach Friedrich geborene „engelsschöne" Friederike Luise wurde 1729 an eine fränkische Nebenlinie der Hohenzollern, nach Ansbach, verheiratet. Friedrich Wilhelm festigte damit gleichermaßen seinen Einfluss in Süddeutschland wie die Familienbande. Letzeres war in Hinblick auf den späteren Erwerb der fränkischen Markgrafschaften durch Erbanfall wichtig. Friederike Luises Mann, Karl Wilhelm Friedrich von Brandenburg-Ansbach, genannt der Wilde Markgraf, hatte sich nur gegen die Gewährung eines erheblichen Darlehens auf die Heirat eingelassen. Ansbach war so verschuldet, dass es kaum noch Kredite bekam. Schon vor ihrer Ankunft in Ansbach war Friederike Luise kränklich, ihr Mann wähnte sich betrogen. Hässlich sei sie, und sie habe schlechte Zähne, er könne unmöglich mit ihr schlafen. Man habe ihn zu der Hochzeit gezwungen, um sich in den Besitz der Markgrafschaft zu bringen. Friedrich konstatierte: „Meine Ansbacher Schwester und ihr Herr Gemahl hassen sich ‚wie Hund und Katze'." Dennoch gingen zwei Söhne aus der Ehe hervor. 1736, nach der Geburt des zweiten Sohnes, trennten sich die Eheleute. Friederike Luise übersiedelte nach Unterschwaningen, vereinsamte, litt an Depressionen und starb 1784 nach längerer Krankheit. Ihr Gemahl lebte bis zu einem frühen Tod 1757 mit der Tochter eines Mühlknechts zusammen, mit der er vier Kinder hatte. Da auch das Verhältnis zu ihrem überlebenden Sohn Karl Alexander angespannt war, kehrte Friederike Luise niemals an den Hof von Ansbach zurück.

Die 1716 geborene Philippine Charlotte wurde 1733 mit dem Erbprinzen Karl von Braunschweig-Wolfenbüttel-Bevern verheiratet, der 1735 die Regierung übernahm. Ganz im Gegensatz zur Verbindung zwischen ihrer Schwägerin Elisabeth Christine und ihrem Bruder Friedrich verlief Philippine Charlottes Ehe äußerst glücklich, ihr entsprossen dreizehn Kinder. Sieben Jahre vor seinem Tod 1780 wurde Karl I. aufgrund der chronischen Finanzmisere durch seinen

Thronfolger von der Regierung verdrängt. Philippine Charlotte überlebte ihn um einundzwanzig Jahre. Sie war feinsinnig und hochgebildet. Nachdem Friedrich Voltaire für das Unternehmen nicht gewinnen konnte, fertigte sie einen Auszug aus den philosophischen Schriften Christian Wolffs in französischer Sprache an. Anders als ihr Bruder pflegte sie auch gute Beziehungen zu den zeitgenössischen Repräsentanten der deutschen Literatur.

Sophie, 1719 geboren, wurde 1734, also bereits mit sechzehn Jahren, mit dem neunzehn Jahre älteren Markgrafen Friedrich Wilhelm von Brandenburg-Schwedt verheiratet, aufgrund seiner derben Streiche auch bekannt als der tolle Markgraf. Und auch diese Ehe diente dem Zusammenhalt des Familienbesitzes. Die kleine Markgrafschaft Schwedt befand sich im Besitz der Nachfahren aus der zweiten Ehe des Großen Kurfürsten mit Dorothea von Holstein-Glücksburg. Sophie und ihr Gemahl konnten sich nicht ausstehen und lebten bald getrennt. Wie ihre Ansbacher Schwester und ihr Vater litt sie an Wassersucht, der Familienkrankheit der Hohenzollern, sie starb 1765. Ihre beiden Söhne starben früh, so dass nach dem Tode Friedrich Wilhelms 1771 sein jüngerer Bruder Friedrich Heinrich die Regierung übernahm. Da auch dieser keine erbberechtigten männlichen Nachkommen besaß, fiel mit seinem Tod 1788 die Markgrafschaft mit ihren 4000 Einwohnern wieder an die Berliner Hauptlinie der Hohenzollern.

Friedrich und die Mehrheit seiner Geschwister waren nach den Begriffen der Zeit „unter ihrem Stand" verheiratet worden. Ganz anders erging es der 1720 geborenen Luise Ulrike, die Königin von Schweden wurde. Schon als Kind zeigte sie Begeisterung für alles Militärische und war die

Lieblingstochter ihrer Eltern. Auf Wunsch Friedrichs heiratete sie 1744 den schwedischen Kronprinzen Adolf Friedrich aus dem Hause Holstein-Gottorp, der im Jahre 1751 den schwedischen Thron bestieg. Sie war geistreich und wie Friedrich sehr frankophil. Die Dynastie war in Schweden nicht verwurzelt, der Einfluss des Parlaments dort entscheidender als die Krone. Aus diesem Grund versuchte die um Luise Ulrike versammelte Hofpartei 1756 einen Staatsstreich, der jedoch scheiterte. Erst ihrem Sohn Gustav III. gelang es 1772 die Parlamentsherrschaft zu brechen. 1792 fiel er aber seinerseits einer Adelsverschwörung zum Opfer. Da war Luise Ulrike, die ein gespanntes Verhältnis zu ihrem Sohn hatte, bereits zehn Jahre tot. Die engen verwandtschaftlichen Verbindungen konnten jedoch nicht verhindern, dass Schweden sich während des Siebenjährigen Krieges der antifriderizianischen Koalition anschloss und Friedrich nach dem Krieg ein langjähriges Bündnis mit Russland einging, das traditionell in Feindschaft zu Schweden stand.

August Wilhelm, 1722 geboren, war der Lieblingssohn des Vaters, der ihn anstelle Friedrichs zum Thronfolger erheben wollte. Das geschah nicht, Thronfolger wurde er erst durch Friedrich selbst, der ihm die Fortführung der Dynastie auferlegte. Als Offizier hatte er bereits an den ersten beiden Schlesischen Kriegen teilgenommen. Politisch standen er und seine beiden jüngeren Brüder öfters in Opposition zu Friedrich. Besonders kritisierte er die Eröffnung des Siebenjährigen Krieges. Beim Rückzug nach der von Friedrich verlorenen Schlacht von Kolin erhielt August Wilhelm sein erstes selbstständiges Kommando. Da seine Instruktionen unklar waren, bat er Friedrich schriftlich um Präzisierungen, Friedrich reagierte jedoch nicht darauf. Nachdem August

Wilhelm während des Rückzugs schwere Verluste erlitten hatte, wurde er von Friedrich gedemütigt und ungnädig aus dem Armeedienst entlassen. Für den Rest seines Lebens wird er von Friedrich „eine öffentliche Genugtuung für die ihm öffentlich angetane Beleidigung" verlangen, die Friedrich ihm aber nicht gewährte. Körperlich und seelisch gebrochen, starb er ein knappes Jahr nach seinem Abschied am 12. Juni 1758. Prinz Heinrich kommentierte den Tod seines Bruders: „Dieses Unglück kommt von demjenigen, der sein ganzes Land elend macht und Europa in Blut ertränkt." Die Zeit seit seiner Entlassung hatte August Wilhelm genutzt, um seine „Relationen über den Feldzug 1757" zu verfassen, die, als sie 1769 in Druck erschienen, Friedrichs Ansehen beschädigten.

Auf Wunsch Friedrichs hatte er am 6. Januar 1742 ebenfalls eine Prinzessin aus dem Hause Braunschweig-Bevern geheiratet, Luise Amalie. Unentwegt wies Friedrich den jungen Ehemann darauf hin, dass es seine Pflicht sei, zum Wohle des Staates einen Thronfolger zu zeugen. Der gutmütige August Wilhelm verwahrte sich schließlich dagegen, zum preußischen Zuchtbullen degradiert zu werden.

Auch diese Ehe war nicht glücklich, August Wilhelm bat Friedrich dringend um eine Scheidung, damit er Sophie Marie von Pannwitz, eine Hofdame, heiraten konnte. Das Nein des Königs führte zu einer lebenslangen Verstimmung zwischen den Brüdern. Dennoch entsprang der Ehe 1744 der künftige Prinz von Preußen, dem noch vier jüngere Brüder folgten. Der spätere Friedrich Wilhelm II. wurde mit drei Jahren von seinen Eltern getrennt, um am Hofe des Königs auf seine Aufgabe vorbereitet zu werden. Besonders seine Mutter litt unter der Trennung.

Mit seiner 1723 geborenen jüngsten Schwester Anna Amalie wird Friedrich in den letzten Jahren seines Lebens den engsten familiären Kontakt pflegen. Äußerlich glich sie Friedrich am meisten. Eigentlich war sie an Stelle Luise Ulrikes dazu ausersehen, den schwedischen Kronprinzen zu heiraten, sie weigerte sich jedoch, vom Calvinismus zum Luthertum zu konvertieren. Das hinderte sie aber nicht, sich 1744 zur Koadjutorin des lutherischen Stiftes Quedlinburg wählen zu lassen, dessen Äbtissin sie 1755 wurde. Die meiste Zeit verbrachte sie jedoch in Berlin, wo sie am Hofleben teilnahm. Wie Friedrich war sie hochmusikalisch, konnte ihre Ausbildung wegen der musikfeindlichen Haltung des Vaters allerdings erst nach dessen Tod aufnehmen. Obwohl die Einkünfte aus Quedlinburg nicht gering waren, musste Friedrich mehrfach ihre Schulden begleichen. Ihre Beziehung zu Friedrich von der Trenck, der 1745 von Friedrich ohne Gerichtsverfahren in Festungshaft genommen wurde, allerdings bald fliehen konnte, hat Anlass zu vielerlei romantischen Spekulationen gegeben.

Heinrich, der zweitjüngste, 1726 geborene Bruder, war intelligent und sehr auf sein Aussehen bedacht. Friedrich nannte ihn zuweilen „meinen Bruder Narziss" und bezeichnete ihn als „einen sehr liebenswürdigen Prinzen, begabt und tapfer und großmütig wie ein König". De Catt bemerkte zu Heinrich: „Mit einer ungezwungenen Höflichkeit, die nichts Demütigendes an sich hat, verbindet der Prinz Kenntnisse fast jeder Art, genaue, klare und bestimmte Kenntnisse aller Dinge, über die er spricht. Er ist ein sehr folgerichtig denkender Kopf bezüglich der Grundsätze, die er aufstellt, und der Begriffsbestimmungen, die er gibt. Er ist vielmehr bestrebt, den Gegenstand des Meinungsaustausches zu klären und aufzuhellen, als den anderen durch unnütze Schwierigkeiten und metaphysische Spitzfindigkeiten in Verwirrung zu setzen, worin sein Bruder, der König, es zum Meister gebracht hat." Eine der herausragendsten Eigenschaften Heinrichs war seine Fähigkeit zum Mitleiden. Das Unglück der einfachen Menschen, besonders im Krieg, bedrückte ihn sehr. Nach Kräften versuchte er das Leid zu lindern und zog sich dadurch mehrfach den Zorn Friedrichs zu, der ein rücksichtloseres Vorgehen bei der Herbeischaffung der Mittel zur Kriegsfinanzierung in Sachsen forderte.

Heinrich hielt sich, vielleicht nicht zu Unrecht, für den besseren Feldherrn. Er war Friedrich geistig ebenbürtig, weshalb sie nur schwer zusammenarbeiten konnten. Noch etwas anderes belastete ihr Verhältnis, beide waren homosexuell. 1746 gab es zwischen den Brüdern Streit um einen jungen hübschen Pagen, einem von der Marwitz, in den Heinrich hoffnungslos verliebt war. Ernst Ahasversus Graf von Lehndorff, Kammerherr der Königin, vermerkte in seinem Tagebuch am 9. Januar 1757: „Ich erneuerte die Bekanntschaft mit einem Mann, den ich seit 1749 nicht mehr gesehen habe. Es ist ein junger Marwitz, der seine Laufbahn als Page beim König begann und dessen, sowie des Prinzen Heinrich Liebling wurde. Diese Zuneigung ging so weit, dass die beiden königlichen Brüder sich um seinetwillen schrecklich erzürnten. Der junge Page wurde fortgeschickt, aber infolge dringender Gesuche von Seiten des Prinzen Heinrich wieder eingestellt." Nach Friedrichs eigenen Worten war dieser Page so hübsch, dass man ihn nur als „Seraphim unter den Cherubinen" bezeichnen konnte. In dieser Auseinandersetzung missbrauchte Friedrich seine Position als König, was zu einer bleibenden Distanzierung Heinrichs führte, der seinen älteren Bruder zuvor geradezu angehimmelt hatte. Heinrich wurde das Zusammenleben mit Friedrich im Potsdamer Stadtschloss unerträglich. Immer häufiger traf er sich heimlich mit seinen anderen beiden Brüdern auf dem Jagdschloss Grunewald. Als Friedrich davon erfuhr, steckte er den „Deserteur“ in Arrest.

Politisch und militärisch waren sie häufig unterschiedlicher Meinung. Schon 1753 kritisierte Heinrich in einer unter dem Pseudonym „Maréchal Gessler“ veröffentlichten Denkschrift grundsätzlich die Außenpolitik seines Bruders. Dass er die ihm angetragene polnische Krone annahm, verhinderte Friedrich. Heinrich fand sowohl die Eröffnung des Siebenjährigen Krieges wie des Bayerischen Erbfolgekrieges als verfrüht, wenn nicht unnötig. Er führte die Verhandlungen mit Katharina der Großen in St. Petersburg, deren Ergebnis die erste Teilung Polens 1772 war. Am 25. Juni 1752 heiratete er auf Wunsch Friedrichs Wilhelmine von Hessen-Kassel, eine charmante Schönheit. Seine Frau teilte das Schicksal der preußischen Königin. Friedrich hatte keine Skrupel, eine weitere jungblühende Frau zu einem unerfüllten, freud- und lieblosen Leben zu verurteilen. Heinrich schrieb an seinen Vertrauten Claude Etienne Darget, dem Sekretär des Königs: „Ich habe mir die Ketten der Ehe anlegen lassen, um meine Freiheit zu gewinnen.“ 1766 trennte sich das Paar endgültig, ohne sich scheiden zu lassen. Rheinsberg, das er 1744 geschenkt bekam, baute er zu einem prachtvollen Musensitz aus. Nach dem Siebenjährigen Krieg wurde es zum Sammelpunkt der Kritiker Friedrichs. Im Park des Schlosses errichtete Heinrich einen Obelisken als Denkmal für die von Friedrich verkannten oder mit Ungnade behandelten Offiziere wie seinen Bruder August Wilhelm. Das für ihn errichtete Berliner Palais beherbergt heute die Humboldtuniversität.

Friedrichs jüngster Bruder August Ferdinand wurde erst 1730 geboren und war somit eine ganze Generation jünger. Um aktiv an den beiden ersten Schlesischen Kriegen mitzuwirken, war er zu jung, ab 1757 nahm er an den Feldzügen in Böhmen und Schlesien teil, ließ sich aber schon im folgenden Jahr wegen Krankheit beurlauben und kehrte nicht auf den Kriegsschauplatz zurück. Das Schicksal August Wilhelms diente ihm als Warnung. Er heiratete 1755 seine Nichte Luise, die Tochter seiner Schwester Sophie und des Markgrafen Friedrich Wilhelm von Brandenburg-Schwedt. Sie hatten insgesamt sieben Kinder, darunter den 1772 geborenen Louis Ferdinand, den preußischen Apoll, der 1806 bei Saalfeld gegen Napoleon kämpfte und fiel. August Ferdinand ist der Erbauer des Schlosses Bellevue im Berliner Tiergarten, in dem heute der Bundespräsident residiert. Er starb sieben Jahre nach seinem Sohn 1813 als Herrenmeister des Johanniterordens.

Als König hielt Friedrich seine Geschwister in Abhängigkeit, sie mussten sich in allen Lebensentscheidungen nach seinem Willen richten. Das zerstörte insbesondere das Verhältnis zu seinen drei Brüdern, die vor 1740 liebevoll zu ihm aufgeschaut hatten. Es war schwer für seine Geschwister, dass er, der sich so großzügige Freiheiten gestattete, sie aus Gründen dynastischer Politik zu ehelichen Verbindungen zwang, die sie ablehnten und es ihnen auch nicht erlaubte, sich daraus zu lösen. Von wenigen Ausnahmen bei Wilhelmine und Heinrich abgesehen, hielt Friedrich seine Geschwister grundsätzlich von der Politik fern.

„Die Tyrannei des Königs wird immer schlimmer“

Friedrichs Jugend

Eigentlich war es unwahrscheinlich, dass Friedrich eines Tages an der Spitze des Staates stehen würde. Kronprinz und später König wurde er nur, weil zwei vor ihm geborene Brüder wieder gestorben waren.

Die Jugend Friedrichs verlief eher unglücklich zwischen Hofintrigen, Heiratspolitik und den Gehässigkeiten seiner lieblosen, sich streitenden Eltern und Erzieher. Wie seine Schwester Wilhelmine wurde er zum Spielball zwischen den unvereinbaren politischen Strategien der Eltern, hin- und hergerissen zwischen den englisch-hannoverischen Interessen der Mutter und der kaiserlich-österreichischen Orientierung des Vaters.

Zunächst wurde der junge Prinz von einer Reihe französischer Damen umsorgt, Hugenotten, die infolge der Aufhebung des Edikts von Nantes 1685 ihre Heimat verlassen hatten. Die Oberste dieser Gouvernanten war eine Dame von Kamecke. Unter ihr diente als eigentliche Betreuerin Frau von Roucoulles, die dieses Amt bereits bei Friedrichs Vater versehen hatte. So wurde er früh mit der französischen Sprache vertraut. Seine Schreibkenntnisse blieben aber immer unvollständig. Als Kind war Friedrich mitunter kränklich und bedurfte aufmerksamer Pflege.

1716 wurde die Erziehung Friedrichs Jacques Egide Duhan de Jandun übertragen, auch er ein aus Frankreich vertriebener Hugenotte, der Friedrich Wilhelm als junger Soldat im

Nordischen Krieg während der Belagerung von Stralsund wegen seiner Tapferkeit aufgefallen war und sich bereits als Hofmeister bei den Dohnas bewährt hatte. 1718 übernahm Albert Konrad Graf Finck von Finckenstein das Amt des Oberhofmeisters, eine Funktion, die er schon bei Friedrichs Vater versehen hatte. Auch er hatte in vielen Feldzügen mit Auszeichnung gedient. Als Untergouverneur, d.h. als der eigentliche Erzieher, diente Oberst Christoph Wilhelm von Kalckstein. Als sich ab 1722 das Verhältnis zwischen König und Kronprinz zunehmend verschlechterte, wurde es seine Aufgabe, Friedrich rund um die Uhr mit Hilfe von Gardeoffizieren zu bewachen. Dennoch war ihr Verhältnis nicht ohne Zuneigung. Kalckstein nahm erfolgreich an den ersten beiden Schlesischen Kriegen teil, wurde von seinem ehemaligen Zögling zum Generalfeldmarschall befördert und nach dem Tod von Friedrichs Bruder und Thronfolger August Wilhelm zum Erzieher von dessen Söhnen bestellt.

Der wichtigste Lehrer des Prinzen war Duhan. Er unterrichtete Friedrich von seinem fünften bis zum 15. Lebensjahr. Das vom König entworfene Reglement war streng und bildungsfeindlich. Im Vordergrund standen die religiöse Unterweisung und die Einhaltung der religiösen Pflichten. Heterodoxe Lehrmeinungen und Häresien sollte man ihm verschweigen. Da das Dasein der katholischen Kirche nicht ignoriert werden konnte, sollte man ihm Abscheu gegen sie einflößen. Die allmächtige Gerechtigkeit Gottes sei ihm vorzustellen, denn sie sei „das einzige Mittel, eine von menschlichen Gesetzen und Strafen befreite, souveräne Macht in den Schranken der Gebühr zu halten".

Kein nutzloses Wissen dürfe den Prinzen belasten. Bei den Sprachen seien Französisch und Deutsch hinreichend, in der Geschichte reiche die Kenntnis der letzten hundertfünfzig Jahre, dazu Mathematik, sowie die Grundlagen der Artillerie, der Ökonomie, Völkerrecht, Geographie und Landeskunde sowie die Geschichte der verwandten Dynastien und mit besonderen Nachdruck alles, was zur Offiziersausbildung gehört. „Lasst es euch absonderlich äußerst angelegen sein, meinem Sohn die wahre Liebe zum Soldatenstande einzuprägen."

Ein zweites von Friedrich Wilhelm aufgesetztes Studienreglement von 1721 fiel ebenfalls äußerst detailliert aus. Dreimal am Tag hatte der Prinz, neben den Tischgebeten und den regelmäßigen Gottesdiensten auf Knien laut zu beten, unmittelbar nach dem Wecken, unmittelbar vor dem Zubettgehen und nach dem Frühstück das große Gebet. Der Text war vom Vater vorgeschrieben. Laut und vor den im Zimmer versammelten Dienern sollte dies geschehen, damit Gebetsverkürzungen unterbunden wurden. Zudem nahmen Bibelkunde und Katechismus viel Platz ein. Der Inhalt jeder Wochenstunde war vorgeschrieben, nur Mittwoch- und Sonntagnachmittag waren für Spiele und eigene Vorlieben freigehalten. Beide sollten aber, wenn nötig, für Stoffwiederholungen genutzt werden. Die Instruktion endet damit, dass Friedrich lernen solle, sich selbst an- und auszukleiden und sich „propre und reinlich" zu halten. „Nicht so schmutzig" heißt es gleich zweimal am Ende. Offensichtlich gab es hier bereits ein Problem, das seit dem Siebenjährigen Krieg erneut augenscheinlich wurde.

Latein, damals noch die unbestrittene Sprache der Gelehrten, der katholischen Kirche und des internationalen Rechts, war verboten. Seit zehn Jahrhunderten seien die Jugendjahre europäischer Generationen für dessen Erwerb verschwendet worden. Entgegen den Intentionen des Vaters förderte Duhan Friedrichs Interessen an französischer Literatur und Philosophie. Er half Friedrich, eine eigene Bibliothek aufzubauen, die 1730 schon 3775 Bände umfasste. Als Friedrich Wilhelm die beiden bei verbotenen Lateinübungen, der Deklination von „mensa", überraschte, führte dies zur Züchtigung des Prinzen und seines Erziehers. In der Erinnerung blieb diese Szene für den alternden Friedrich fast so schlimm wie die „unglückliche Küstriner Angelegenheit". Noch Jahrzehnte später bedauerte Friedrich seine mangelnden Lateinkenntnisse. „Ich wüsste noch mehr ohne jene verteufelte Geschichte."

Als ihm der Vater 1717 zu seinem fünften Geburtstag Bleisoldaten schenkte, fanden sie kaum Beachtung, während Friedrich auf der neuen Blockflöte schon bald die kompliziertesten Melodien spielen konnte. Eine Kompanie von 130 Kadetten, die ihm der Vater zum Exerzieren überließ, interessierte ihn wenig. Er überließ sie seinem Reit- und Fechtlehrer Leutnant von Rentzel, der ihm das Kommandieren beibringen sollte.

Früh wurde er zu den Musterungen und zur Jagd, die Friedrich Wilhelm liebte, mitgenommen. Beides behagte Friedrich ebenso wenig wie die blaue Uniform, die sein Vater ständig trug und die auch er seit Kindestagen tragen sollte, während elegante französische Kleidung viel mehr seinem Geschmack entsprach.

Der entsetzte Vater reagierte mit einer Verstärkung der militärischen Ausbildung seines Sohnes. 1725, Friedrich war dreizehn Jahre alt, wurde er Hauptmann bei den Gardegrenadieren, ein Jahr später Major, und er musste sich dem regelmäßigen Dienst unterwerfen. Seinem ästhetisch-geistreichen Wesen wurden Spartanismus und Stoizismus hinzugefügt.

Die ganze Erziehung des Vaters zielte darauf, Friedrichs Charakter zu brechen, seine musischen und intellektuellen Anlagen durch die soldatisch robusten Vorlieben des Vaters zu verdrängen. Die Weichen zu seiner verbitterten Menschenfeindschaft wurden gestellt. Da der König Duhan auch für die „irreligiösen Ansichten" des Prinzen verantwortlich machte, wurde der Erzieher 1727 nicht nur entlassen, sondern 1730 sogar inhaftiert. Finckenstein und Kalckstein hatten den König darauf hingewiesen, dass Friedrich nicht hinreichend für die Konfirmation vorbereitet sei.

Im April 1733 schrieb ihm Friedrich ins Gefängnis, wie betrübt er über Duhans „unglückliches Schicksal" sei. Er habe dafür gesorgt, dass Duhan das Gefängnis binnen drei Wochen verlassen könne und ihm eine jährliche Pension von vierhundert Talern gezahlt werde. Graf Seckendorff war Friedrich gefällig und besorgte Duhan eine Stelle als Bibliothekar beim Herzog von Braunschweig in Wolfenbüttel. Das lebenslange Interesse Friedrichs an der französischen Kultur ist insbesondere Duhans Einfluss geschuldet.

Mit der Entlassung Duhans als Lehrer begann die schlimmste Phase in der Jugend Friedrichs. Zwei Offiziere übernahmen die Ausbildung, die Kontrollen des Königs wurden immer unerträglicher. Alle französischen Bücher, die man bei ihm fand, wurden, wie die modische Kleidung, verbrannt. Selbst vor Gästen, zum Beispiel im Tabakskollegium, schreckte Friedrich Wilhelm nicht davor zurück, seinen Nachfolger in brutaler Weise körperlich zu züchtigen. Mehr als einmal floss Blut.

Immerhin sorgte die Mutter dafür, dass der berühmte Flötenvirtuose und Komponist Johann Joachim Quantz zweimal im Jahr von Dresden nach Berlin kam und Friedrich heimlich in ihren Gemächern Unterricht erteilte. Bei einem überraschenden Kontrollbesuch Friedrich Wilhelms musste sich Quantz in einem Schrank verstecken. Außerdem erreichte sie, dass Friedrich den König 1728 zu einem fast vierwöchigen Besuch an den Hof August des Starken nach Dresden begleiten durfte. Hier erlebte er während des Karnevals das Gegenmodell des väterlichen Hofes, einen Hof voller Prunk, Eleganz und Lebenslust. Zudem lernte er hier eine fünf Jahre ältere elegante Französin kennen, die in Dresden zur polnischen Gräfin nobilitierte, Anna Karolina Orzelska. Ihre gemeinsame Vorliebe für Philosophie, Literatur und Musik führten zu einer lebenslangen Brieffreundschaft. Gemeinsame Schäferstunden dürften jedoch unwahrscheinlich sein. Diese Annahme entsprang wohl eher den Wünschen preußischer Historiker des 19. Jahrhunderts, die Schwierigkeiten mit der sexuellen Orientierung Friedrichs hatten.

Im selben Jahr bat Friedrich den Vater brieflich, den „grausamen Hass" gegen ihn aufzugeben. Der Vater antwortete, sein Sohn wisse, dass er „keinen effemierten Kerl" leiden könne, der weder reiten noch schießen könne, sich dafür aber wie ein Narr kleide und frisiere.

Die geringe Achtung, die man dem ungehobelten preußischen König in Dresden entgegenbrachte, verschlimmerte die Differenzen zwischen ihm und Friedrich. Immer heftiger wurden die Auftritte. Einmal zerrte der König den Prinzen an den Haaren durchs Zimmer und traktierte ihn mit einem Knüppel. Friedrich schrieb an seine Mutter: „Ich habe zu viel Ehrgefühl, um derartige Behandlungen zu ertragen, und bin entschlossen, auf diese oder die andere Weise ihnen ein Ende zu machen."

Bei Friedrich reifte der Gedanke an eine Flucht. Immerhin war auch sein Großvater 1687 als Kurprinz für sechs Monate ins Ausland geflohen, da er fürchtete, die zweite Gemahlin des Großen Kurfürsten versuche, die Söhne aus dessen erster Ehe zu vergiften, um das Land ihren Kindern zu vererben.

Der Vater, der lieber den ihm vom Wesen und Äußeren ähnlicheren nachgeborenen August Wilhelm als Nachfolger gesehen hätte, drängte ihn geradezu zur Flucht. „Hätte mein Vater mich so behandelt wie ich dich", verhöhnte er den Sechzehnjährigen, „so wäre ich längst davongelaufen." Friedrich verstellte sich zunehmend, redete dem königlichen Vater nach dem Mund, aber vertauschte, sobald er in Sicherheit war, die verhasste Uniform gegen elegante französische Kleidung.

Solch ein Luxus, auch die heimlich wieder angeschafften Bücher, kosteten Geld – für einen Kronprinzen kein Problem. Es gab genügend Menschen, die an die Zukunft dachten, in welcher der jetzige König tot sein und der Prinz als der neue Monarch über Stellen, soziale Positionen und Privilegien entscheiden würde, ein struktureller Gegensatz, der viele Monarchen und ihre potenziellen Nachfolger zu Feinden machte. Es lag in der Natur der Sache, dass die Partei des Thronfolgers mit der Zeit immer stärker wurde. Sein Kredit wuchs, besonders wenn der regierende Fürst Symptome der Schwäche, von Krankheit oder Alter zeigte. Nur ein Ausschluss von der Thronfolge oder eine zu lange Zeit des Wartens auf den Regierungsantritt konnte den Kredit eines Kronprinzen erschöpfen. Je näher der Regierungswechsel rückte, desto weniger war der Thronfolger durch den Monarchen zu kontrollieren. Über das Ausmaß der vorzeitigen Hinwendung zum Kronprinzen und der Unterstützung für seinen Sohn verbittert, äußerte Friedrich Wilhelm 1730 während des Kronprinzenprozesses: Man wende sich wohl schon der „künftigen Sonne" zu.

Aber auch ein Kronprinz konnte an die falschen Leihgeber geraten. Zwei Berliner Kaufleute machten im Januar 1730 ihre Forderungen direkt beim Finanzministerium geltend. Es stellte sich heraus, dass der Kronprinz 15 000 Taler Schulden hatte. Der König tobte und verbot bei Zuchthausstrafe, dem Kronprinzen weiter Geld zu leihen.

Das Jahr 1730 entwickelte sich nicht gut für Friedrich. Hinter dem Rücken des Königs hatten die Königin und Friedrich das Projekt einer englisch-preußischen Doppelhochzeit weiterverfolgt. Sir Charles Hotham, ein außerordentlicher Gesandter aus London, erschien und verlangte als ersten Schritt ultimativ das Verlöbnis der Prinzessin Wilhelmine mit dem Prinzen von Wales. Hotham legte dem König die geheime Korrespondenz zwischen Grumbkow und dem preußischen Geschäftsträger in London vor, die zum Ziel hatte, den König im Sinne der österreichischen Partei am preußischen Hof zu lenken. Friedrich Wilhelm glaubte an ein Täuschungsmanöver und war außer sich. Er beleidigte den Gesandten. Alle nachgereichten Freundlichkeiten des wieder ernüchterten Königs vermochten Hotham nicht umzustimmen, er reiste ab. Gleichzeitig fürchtete Friedrich Wilhelm, dass Friedrich sich durch die englische Heirat und den englischen Rückhalt noch weniger kontrollieren lasse.

Wieder waren Gewalttätigkeiten in der königlichen Familie die Folge, blanker Hass beherrschte die Beziehung zwischen Kronprinz und König. Dennoch reisten beide erneut im Juni 1730 gemeinsam nach Sachsen, in das berühmte Lustlager von Mühlberg. Während der Reise kam es zum

Eklat. Bei einem Brand kam der König fast ums Leben, man weckte den Kronprinzen, der jedoch erklärte, da die Gefahr vorbei sei, wünsche er weiterzuschlafen. Als sie sich bei der Truppenschau trafen, vergalt der König ihm diese Herzlosigkeit, indem er ihm vor den Augen der sächsischen Generäle Mund und Nase blutig schlug. Friedrich erklärte seinem Freund Katte, er wolle nach England fliehen.

Ein erster Fluchtversuch scheiterte. Der König ließ Friedrich, der über keine eigenen Transportmittel verfügte, rund um die Uhr bewachen. Also bat Friedrich den sächsischen Premierminister Karl Heinrich Graf von Hoym unter dem Vorwand eines Ausfluges nach Leipzig um Pferde für sich und seinen Freund Keith. Hoym durchschaute jedoch die Absicht des Prinzen, verweigerte die Pferde und riet ihm grundsätzlich von dem Vorhaben ab. Nach der Rückkehr aus Sachsen nahmen die körperlichen Misshandlungen durch den Vater zu. Der König verlangte, dass Friedrich zugunsten August Wilhelms auf die Thronfolge verzichte. Friedrich entgegnete, das wolle er nur tun, wenn der Vater gegen die Ehre seiner Mutter erklären würde, dass er nicht sein Sohn sei.

Friedrich verbrachte seine Zeit nun immer häufiger in Gesellschaft enger Vertrauter wie Peter Christoph Karl von Keith, der Page bei seinem Vater war. Dem König war das Verhältnis zwischen seinem Sohn und Keith zu eng, weshalb er Keith als Leutnant nach Wesel versetzte, von wo er am Fluchtversuch Friedrichs Anteil nahm. Selbst Friedrichs Schwester Wilhelmine schien glücklich über die Entfernung Keiths. „Keiths Abreise erfreute mich sehr, indem ich hoffte, dass mein Bruder nun ein geregeltes Leben führen würde. Aber es erwies sich ganz anders. Ein zweiter und noch viel gefährlicherer Günstling folgte auf Keith. Es war ein junger Mann mit Namen Katte."

Hans Hermann Katte, ein kecker Bonvivant, war acht Jahre älter als Friedrich und entstammte einer alten Soldatenfamilie. Schon in der Schule wurde ihm „Poeterei und Träumerei" attestiert. Er war der neue Favorit des Kronprinzen. Er hatte Jura in Königsberg und – was dem preußischen Adel eigentlich verboten war – im Ausland studiert. Danach absolvierte er zwei weitläufige Kavalierstouren in die europäischen Hauptstädte sowie juristische Praktika am Reichskammergericht in Wetzlar und am Reichshofrat in Wien. Anders als Friedrich kannte er die große Welt.

In der Hoffnung auf eine Karriere unter dem Regime Friedrich Wilhelms trat er in die Armee ein. Seit 1726 diente er als Fähnrich im Regiment Gens d'armes in Berlin. Er war vielseitig begabt, deutsch und französisch gebildet, aber auch unausgeglichen, überheblich und leichtsinnig. Er war vielleicht nicht der richtige Freund für den jüngeren Kronprinzen. 1729 kamen sie sich während eines privaten Unterrichts in Mathematik und Mechanik näher. Friderich bewunderte Kattes Weltläufigkeit. Die Beschreibung, die Wilhelmine von ihm gibt, fällt nicht sehr charmant aus: „Er war belesen, geistreich und weltgewandt; er hatte sich viel in guter Gesellschaft bewegt und dort höfliche Manieren angenommen, was damals in Berlin ziemlich selten war; sein Gesicht war eher unangenehm als sympathisch; zwei schwarze Augenbrauen bedeckten ihm fast die Augen; sein Blick hatte etwas Unheilvolles, als künde er sein Schicksal voraus; eine gebräunte und blatternarbige Haut entstellte ihn noch mehr; er gab sich für einen Freigeist aus, und seine Liederlichkeit kannte keine Schranken; sehr viel Ehrgeiz und Leichtsinn kamen noch hinzu. Ein solcher Freund war nicht geeignet, meinen Bruder von seinen Verirrungen abzubringen." Zudem sei der auch an der Staffelei begabte Katte grenzenlos eitel gewesen. Die ungünstige Beschreibung entsprang der Eifersucht, denn auch Wilhelmine hatte ursprünglich ein Auge auf Katte geworden.

Von der Königin vorab auf die Fluchtpläne angesprochen, versicherte Katte, er wolle Friedrich „von seinen unheilvollen Entschlüssen abzubringen suchen; er wäre nur manchmal seiner Ansicht, um ihn um so eher zurückzuhalten, und bis auf weiteres sei nichts zu befürchten. Die Königin glaubte gerne, was sie hoffte". Bedenklich war, dass Katte bei anderer Gelegenheit äußerte, aus der Flucht könne Friedrich kein Schaden entstehen, da es niemand wagen würde, sich gegen den Thronerben zu stellen.

Das Zusammenleben von Friedrich und seinem Vater gestaltete sich immer schwieriger. Nur das mutige Eingreifen eines durch die Schreie des Prinzen hergerufenen Lakaien hinderte Friedrich Wilhelm daran, Friedrich mit einer Gardinenkordel zu erdrosseln. Wenig später äußerst Friedrich gegenüber Wilhelmine: „Die Tyrannei des Königs wird immer schlimmer, ich ertrage es nicht länger."

„Unser Jammer war unbeschreiblich"

Die Katastrophe des Jahres 1730

Zunächst war die Flucht schon für das Frühjahr 1730 während der Reise nach Sachsen geplant. In diesem Jahr veranstaltete August der Starke das „Lustlager von Zeithain", eine gigantische Militärparade, die als das „Spektakel des Jahrhunderts" galt. Der benachbarte König von Preußen war auch geladen. Die Heerschau hatte Rutowski organisiert, der vor 1730 in Preußen gedient hatte, was Friedrich Wilhelm zu dem Kommentar veranlasste: „Die Canaille hat uns alles abgestohlen."

Mitte Mai schrieb Friedrich an Katte: „Ich gehe fort, mein lieber Katte. Ich habe so sorgliche Vorkehrungen getroffen, dass ich nichts zu befürchten habe. Ich fahre über Leipzig, wo ich mich unter dem Namen eines Marquis d'Ambreville aufhalten werde. Keith ist schon benachrichtigt und begibt sich direkt nach England. Verlieren Sie keine Zeit, denn ich rechne auf Sie in Leipzig. Adieu!"

Dieser Versuch wurde jedoch aufgegeben und die Flucht auf den Sommer verschoben. Damit er nicht unzureichend beaufsichtigt werde, befahl der König, dass Friedrich ihn auf eine Reise ins Reich begleite. Die gemeinsam mit dem König im August unternommene Inspektionsreise durch die westdeutschen Besitzungen schien eine gute Gelegenheit zu sein. Zunächst war die Flucht anlässlich des Besuches bei den Verwandten in Ansbach geplant. Die Markgrafschaft war klein, und das sichere Ausland wäre schnell erreicht gewesen. Unvorsichtigerweise sprach Friedrich jedoch mit dem Markgrafen über seine Unzufriedenheit. Dieser bemerkte die tiefe Erbitterung des Prinzen gegen den König. Für den mindermächtigen Marktgrafen war es nicht ratsam, einen Konflikt mit seinem königlichen Vetter zu riskieren. Als der Kronprinz unter dem Vorwand eines Spazierrittes Pferde begehrte, schöpfte der Markgraf Verdacht und verweigerte sie. Nach dem Bericht Wilhelmines scheint der König selbst die Flucht Friedrichs provoziert zu haben. Nachlässigkeit bei der Adressierung führt unmittelbar vor dem Versuch dazu, dass ein Brief Friedrichs nicht an Katte, sondern an einen Verwandten des Freundes gelangte, der das verräterische Schreiben an den König weiterleitete.

Auf dem Rückweg versuchte Friedrich am 4. August 1730 im Dorf Steinfurt nahe Frankfurt erneut zu fliehen. Wieder war die Beschaffung von Pferden der Schwachpunkt des Plans. Friedrich hatte seinem Pagen Keith, einem Bruder des vom Vater entfernten Keith, unter dem Vorwand, einen amourösen Ausflug in ein Nachbardorf unternehmen zu wollen, beauftragt, auf dem örtlichen Pferdemarkt Pferde für vier Uhr morgens zu besorgen. Als der Page die Ausführung des Unternehmens melden und den Prinzen wecken wollte, riss er unbeabsichtigt auch Friedrichs Kammerdiener aus dem Schlaf, einen Spion des Königs, der die Unterbindung der Flucht in die Wege leitete.

Friedrichs Begleiter Oberst Rochow und einige Generäle aus dem Gefolge des Königs fanden ihn auf dem Pferdemarkt. Sie bedrängten ihn, umgehend die französische Kleidung gegen die Uniform zu tauschen, da der König bereits zum Aufbruch rüste. Noch hätte alles ohne Folgen bleiben können, doch Friedrich weigerte sich und bestand darauf, noch einen kleinen Spaziergang zu unternehmen. Als Keith mit den Pferden erschien und Friedrich versuchte, die Zügel zu ergreifen, wurde er überwältigt und in sein Quartier zurückgebracht. Dem König wurde Bericht erstattet, da jedoch eindeutige Beweise für einen Fluchtversuch fehlten, sah er zunächst von Konsequenzen ab.

Am nächsten Tag, am 11. August, erreichte ihn in Frankfurt jedoch die Stafette von Kattes Vetter mit dem verräterischen Schreiben Friedrichs, womit dessen Schicksal besiegelt schien. Zwei Offiziere hatten nun mit „ihrem Kopf" für seine Bewachung zu bürgen. Friedrich sollte auf einer Jacht über Main und Rhein von Frankfurt nach Wesel geschafft werden. Als der König am nächsten Morgen einschiffte, kam es sofort zu Gewalttätigkeiten. Um das Schlimmste zu verhüten, wurde Friedrich auf eines der Begleitschiffe gebracht. Bei der Landung in Wesel versuchte er erneut zu fliehen, diesmal zu Fuß, wurde jedoch bald ergriffen. Niemand berichtete dem König vom erneuten Fluchtversuch.

Am folgenden Tag verhörte Friedrich Wilhelm seinen Sohn. Nur General Konrad Heinrich von der Mosel, der Gouverneur von Wesel, war mit im Raum. Der König fragte Friedrich in zornigem Tone, warum er desertiert sei. Friedrich erwiderte standhaft: „‚Weil Sie mich nicht wie Ihren Sohn behandelt haben, sondern wie einen niedrigen Sklaven.' ‚Sie sind ja nur ein feiger und ehrloser Deserteur', schrie der König. ‚Ich habe soviel Ehre wie Sie', entgegnete Friedrich; ‚ich tue nur, was Sie eingestandenermaßen an meiner Stelle längst getan hätten.'" Über diese Antwort geriet der König dermaßen in Zorn, dass er seinen Degen zog und seinen Sohn durchbohrt hätte, hätte sich Mosel nicht zwischen die beiden gestürzt. „Töten Sie mich, Majestät", rief Mosel,

„aber verschonen Sie Ihren Sohn." Der König zügelte seine Wut vorrübergehend und ließ Friedrich in sein Quartier bringen.

General Mosel überzeugte den König, dass er Friedrich nicht verurteilen dürfe, ohne ihn vernommen zu haben, ja dass es eine unverzeihliche Sünde sei, wenn er, der Vater, zum Henker seines Sohnes würde. Schließlich entschloss sich der König, das Verhör vertrauenswürdigen Offizieren zu übertragen.

Der König reiste nach Berlin, der Kronprinz wurde nach Mittenwalde südlich von Berlin geschafft. Da die Brutalität des Königs allgemein bekannt, Friedrich hingegen damals in der Öffentlichkeit sehr beliebt war, versuchten einige Offiziere, ihn zu befreien. Sie scheiterten aber an der strengen Bewachung. Der Versuch blieb unentdeckt und ohne Folgen.

Am 15. August 1730 erhielt die Königin einen Brief Friedrich Wilhelms: „Ich habe den Schurken von einem Fritz verhaften lassen; ich werde ihn behandeln, wie er es für seine Verbrechen und seine Feigheit verdient; ich erkenne ihn nicht mehr als meinen Sohn an; er hat über mich und mein ganzes Haus Schande gebracht, dieser Elende verdient nicht mehr zu leben." Als er wenig später in Berlin auf die Königin traf, rief er ihr schon von ferne entgegen: „Ihr nichtswürdiger Sohn ist nicht mehr; er ist tot." „Was?", rief die Königin, „Sie wären so barbarisch gewesen, ihn zu töten?" „Jawohl!", fuhr er sie an.

Wilhelmine erinnert sich: „Unser Jammer war unbeschreiblich. Die Königin schrie hell auf. Ihre Selbstbeherrschung war dahin. Sie rang die Hände und lief wie eine Wahnsinnige im Zimmer herum. Der Zorn hatte die Züge des Königs so sehr entstellt, dass er schrecklich anzusehen war. Meine Geschwister, von denen der Jüngste (Heinrich) erst vier Jahre zählte, umklammerten seine Knie und suchten ihn durch Tränen zu erweichen." Bei dieser lebendigen Schilderung vergaß Wilhelmine, dass ihr jüngster Bruder, der erst kurz zuvor, am 25. Mai 1730, geborene Ferdinand war.

Nachdem die Ereignisse von Steinfurt und Wesel in Berlin bekannt geworden waren, drängte der dänische Gesandte von Lövener Katte zur Flucht. Marschall von Natzmer, der den Befehl erhalten hatte, Katte zu verhaften, zögerte drei Stunden, um dem Leutnant Zeit zur Flucht zu geben. Er war unangenehm überrascht, als der erkennen musste, dass Katte die Zeit nicht genutzt hatte.

Kurz nach der gewalttätigen Familienszene im Berliner Schloss wurde Katte zum Verhör vorgeführt. Der König brüllte: „Ich werde jetzt den Schurken von einem Fritz und die infame Wilhelmine überführen können. Die Beweise sollen mir nicht fehlen, um sie köpfen zu lassen." Katte warf sich dem König zu Füßen und wurde mit Gebrüll, Ohrfeigen, Stockschlägen und Fußtritten traktiert. Blut floss. Er gestand seine Beteiligung an der Flucht, betonte jedoch, nichts wider den König und den Staat im Sinn gehabt zu haben.

Der ältere der Brüder Keith wurde 24 Stunden vor der Ankunft des Königs in Wesel vom Scheitern der Flucht benachrichtig und flüchtete erst in die englische Gesandtschaft nach Den Haag, dann nach England. Der ihm nachgesandte Oberst Dumoulin vermochte ihn auch durch allerlei unglaubwürdige Zusicherungen nicht zur Rückkehr zu bewegen.

Da sich Keith der Rache des Königs entzogen hatte, wurde er „in effigie" gehängt. Das bedeutet, dass in Abwesenheit des Verurteilten die Todesstrafe an einem Bild oder einer Puppe vollzogen wurde. Sein Bruder, der auf Friedrichs Befehl die Pferde besorgt hatte, wurde degradiert.

In Mittenwalde fand das erste Verhör des Kronprinzen durch Grumbkow und drei Offiziere statt. Einer von ihnen versetze Friedrich in großen Schrecken. Denn er verließ seinen Wagen in einem roten Mantel, und Friedrich dachte, es handle sich um den Henker, der ihn foltern sollte. Tatsächlich drohte ihm Grumbkow während des Verhörs mit Folter. Am 5. September wurde er in die Festung Küstrin in die Neumark verlegt.

Die Isolationshaft in der Festung Küstrin war grausam: ein kleines Zimmer wie eine Todeszelle, ein bewaffneter Doppelposten vor der Tür, ein wachhabender Offizier im Vorzimmer. Während der täglichen Waschprozeduren und beim Essen waren zwei Offiziere zugegen. Die Speisen waren vorgeschnitten und mussten ohne Messer und Gabel mit einem Löffel verzehrt werden. Niemand durfte mit Friedrich sprechen, keine Besucher, keine Musik, keine Bücher außer Bibel und Gebetbuch.

Friedrich Wilhelm verlangte umfassende Aufklärung über das Geschehene und sandte einen Katalog von 185 Fragen, die Friedrich vor einer Kommission beantworten musste. Die protokollierten Antworten des Achtzehnjährigen sind psychologisch und diplomatisch so geschickt, dass man sich fragt, ob die Kommission mehr dem König oder ihm gedient hat. Am Ende der langwierigen und ermüdenden Vernehmung folgten die Hauptfragen: „Was er wohl verdiene und welch einer Strafe er gewärtig sei?" Friedrich: „Ich unterwerfe mich der Gnade und dem Willen des Königs." – „Was denn ein Mensch verdiene, der seine Ehre breche und Komplotte zur Desertion macht?" Friedrich: „Ich glaube nicht, gegen meine Ehre gehandelt zu haben." – „Ob er verdiene, Landesherr zu werden?" Friedrich: „Ich kann mein eigener Richter nicht sein." – „Ob er sein Leben wolle geschenkt haben oder nicht?" Friedrich: „Ich unterwerfe mich des Königs Gnade und Willen." Und abschließend: „Es sei ein großer Fehler von ihm, den er begangen, dass er keine Geduld gehabt habe, aber man müsse doch das seiner Jugend mit zuschreiben."

Da Friedrich dabei nicht als Prinz, sondern durchweg als Oberst angesprochen wurde, erschien eine Verurteilung wegen Hochverrats und Desertation wahrscheinlich.

Die Monate nach der gescheiterten Flucht waren grauenhaft. Jeder, der in irgendeiner Beziehung zu Friedrich gestanden hatte, auch Mitglieder der königlichen Familie, lebte in beständiger Furcht vor der Rache des Königs. „Jeder Tag brachte eine neue Katastrophe", berichtet Wilhelmine. „Man hörte fortwährend von Verhaftungen, Konfiskationen und von Hinrichtungen reden, was die Befürchtung in mir erweckte, die Drohungen des Königs könnten endlich Tatsachen werden."

Der gescheiterte Fluchtversuch führte nicht nur für Katte, sondern auch für weitere Gefährten Friedrichs in die Katastrophe. Im Jahr vor der Flucht war es zu einer platonischen Annäherung zwischen der Theologentochter Dorothea Ritter und Friedrich gekommen. Friedrich besuchte öfters die Wohnung der Ritters, um dort heimlich mit der Tochter zu musizieren. Die Wut des Königs suchte nach Opfern. Die sechszehnjährige Dorothea wurde öffentlich ausgepeitscht und zur lebenslänglichen Zwangsarbeit ins Spandauer Spinnhaus gesperrt. Mehrere Personen verloren ihre Stellen, wurden an die russische Grenze verbannt. Jene, die Friedrich trotz des Verbots Geld geliehen hatten, verloren ihr Kapital, mussten Strafen zahlen.

Auf Weisung des Königs verhandelte ein Kriegsgericht in Köpenick über Friedrich und Katte. Nachdem dieses die kriegsrechtliche Beurteilung der „geheiligten" Person des Kronprinzen ablehnte, wurde nur über Katte geurteilt. Das Gericht verurteilte ihn zu lebenslanger Haft, Friedrich Wilhelm verwandelte den Schuldspruch in ein Todesurteil, das er nicht nur an Katte, sondern auch an seinem Sohn vollziehen lassen wollte.

Wichtige Berater des Königs, auswärtige Gesandte und Herrscher intervenierten zugunsten Friedrichs. Besonders der Kaiser und sein mächtiger Minister Prinz Eugen setzten sich für den Kronprinzen ein. Der österreichische Gesandte „Seckendorff gab sich viele Mühe; da er das Übel mit verursacht hatte, wollte er es wieder gutmachen. Er sagte dem König, der Prinz sei zwar sein Sohn, er gehöre aber dem Reich, und es stünde Seiner Majestät keinerlei Recht über ihn zu. Nur mit großer Mühe erwirkte er seine Begnadigung; seine Bitten bewirkten, dass die blutigen Rachepläne des Königs allmählich nachließen. Als Grumbkow dies bemerkte, wollte er sich bei meinem Bruder ein Verdienst daraus machen; er begab sich nach Küstrin und riet ihm, an den König zu schreiben und ihm seine Unterwürfigkeit zu bezeigen," erinnerte sich Wilhelmine.

Friedrich Wilhelm schrieb am 1. November 1730, als er die Festungsstrafe des Kriegsgericht in ein Todesurteil für Katte umwandelte, an das Gericht, er habe in der Schule das Sprichwort gelernt: Fiat iustitia aut pereat mundus – „Es soll Gerechtigkeit geschehen, und gehe die Welt darüber zugrunde.“ Die absolutistische Kabinettsjustiz verbrämte er mit der Begründung, es gehe darum, durch ein abschreckendes Beispiel die Disziplin in der Armee aufrechtzuerhalten, besonders im Corps Gens d'armes, das als Leibwache der königlichen Familie diene. Deswegen sei Katte mit „glühenden Zangen“ zu zerreißen und aufzuhängen. Nur die Rücksicht auf dessen angesehene Familie habe ihn bewogen, das Urteil zu mildern, so dass Katte mit dem „Schwert vom Leben zum Tode gebracht werde“.

Von einem Justizmord zu sprechen, wird den Kategorien der Zeit nicht gerecht. Nach den Vorstellungen der Zeitgenossen konnte der König durchaus als höchster Richter Urteile in letzter Instanz sprechen. Zudem sah der König aufgrund der vielfältigen Widerstände gegen seine Reformen, gegen die Ausbildung seines absolutistischen Regimes, das preußische Staatsgebilde bedroht. So war das Urteil auch Teil seiner Politik zur Stabilisierung Preußens nach innen und nach außen. Friedrichs Fluchtpläne berührten die sensibelsten Bereiche der preußischen Außen-, Innen-, Adels- und Militärpolitik. Sie bedrohten das noch im Aufbau begriffene Staatswesen. Durch das Urteil demonstrierte Friedrich Wilhelm, dass vor dem Gesetz alle gleich seien, auch der Adel. Denn dem Herkommen gemäß gab es gerade für adelige Offiziere eine Vielzahl von Entschuldigungen für das eigenmächtige Entfernen von der Truppe. Nicht zuletzt wurde Katte als „Verführer“ des Kronprinzen bestraft.

Auch musste sich Friedrich Wilhelm gegen den rebellierenden Thronfolger sichtbar als Herrscher durchsetzen. Kattes Tragödie war ein wahres Königsdrama. Durch die Anordnung, Kattes Hinrichtung vor Friedrichs Augen zu vollziehen, machte der König dem Kronprinzen und der ganzen

Welt sichtbar, wer letztlich die Verantwortung für Kattes Katastrophe trug: sein eigener Sohn und Thronfolger.

Grund für Kattes Tod war nicht allein die Desertation, sondern mehr noch die fahrlässig schlechte Vorbereitung der Flucht. Nach Jahrzehnten schilderte Friedrich seinem Vorleser de Catt das Unternehmen als „recht unbesonnen" und als „rasches Aufbrausen eines sehr verbitterten, sehr jungen und schrecklich unbesonnenen Geistes". Seine beiden Helfer Keith und Katte seien beide sehr liebenswürdig gewesen, aber ebenso unbesonnen, wie er es damals war. Während der Verhöre verlangte der König immer wieder zu wissen, welcher Art Friedrichs Verhältnis zu Keith und Katte war. Friedrich schwieg dazu.

Friedrich, der sich in seinen Neigungen zu Katte Freiheiten gestattet hatte, die sein Vater niemals dulden konnte, verwies auf die Prädestinationslehre. Er sei nur der Vollstrecker dessen, was Gott für ihn vorgesehen habe. Aus freiem Willen und aus Gnade erwähle oder verwerfe Gott die Menschen, lange bevor diese geboren und in der Lage seien, Gutes oder Böses zu tun. Ungerechtigkeit und Verantwortung lagen demnach bei Gott. Der Feldprediger Müller von dem Regiment Gens d'armes wurde mit dem Auftrag nach Küstrin geschickt, den Prinzen von der Prädestinationslehre und seinen übrigen beispiellosen Häresien abzubringen und auf ein lutherisches Glaubensbekenntnis festzulegen. Dies wurde nun zu einem Hauptpunkt der Auseinandersetzung zwischen Vater und Sohn; obwohl der König selbst als Calvinist erzogen worden war, verlangte er, Friedrich solle der reformierten Prädestinationslehre abschwören. Er wollte so verhindern, dass Friedrich für seine Desertation und mögliche andere schlimmere Sünden Gott verantwortlich machte.

„Katt's Hinrichtung", Lithographie von 1840

Der König sah seinen Sohn in den „Klauen des Satans". Die Auseinandersetzung mit dem Vater, die sich früher mehr an Äußerlichkeiten entzündet hatte, war jetzt zum Kampf um sein Innerstes geworden. Nicht nur äußerlich wurde Friedrich in Küstrin mit Folter bedroht, auch der Kampf um seine Seele wurde zur Tortur, ein psychologischer, asymmetrischer Krieg zwischen dem gefangenen Sohn und dem mit größter Strenge nach absoluter Kontrolle strebenden Vater.

Zum Schein ging Friedrich auf alles ein, schwor auch der Prädestinationslehre ab und sicherte sich so langfristig neue Nischen für seine Selbstverwirklichung. Als der König seinen Sohn nach einem Jahr erstmals wieder sah, ging er erneut ausführlich auf Prädestination und Gnadenwahl ein und erläuterte, was für entsetzliche Folgen diese Lehre habe, in der man Gott zum Urheber der Sünden erkläre. Diese Annahme widerspreche auch der Glaubensgewissheit, dass Christus für alle Menschen gestorben sei. Friedrich gelobte abermals, dass er nunmehr ganz der christlichen und orthodoxen Meinung des Vaters beitrete.

„Für einige Freuden habe ich tausend Mühen erfahren"

Unterwerfung und Bewährung

Kattes Verhängnis, seine schuldlose oder auch schuldhafte Verstrickung und sein Tod im Freundesdienst, gleicht einer griechischen Tragödie. Er selbst äußerte: „Der Tod ist der Treue Frucht." Der Kronprinzenprozess von 1730 und Kattes Hinrichtung waren nicht nur Bestandteile der „harten Kronprinzenpädagogik" des Königs, sie halfen auch den Bestand des preußischen Königtums nach Friedrich Wilhelms Prägung über dessen Tod hinaus zu erhalten.

Am 6. November 1730 wurde Katte vor den Augen Friedrichs hingerichtet, am 19., drei Monate nach seiner Inhaftierung, erschien eine Kommission aus Berlin und nahm Friedrich den Unterwerfungseid ab. Die ersten Schritte in die neue, begrenzte Freiheit führten zur Teilnahme am lutherischen Abendmahl in die Stadtkirche. Friedrich wurde ein bescheidenes Haus eingerichtet, er durfte wieder einen Degen tragen, aber nicht die Uniform. Ihm wurden ein Hofmarschall und zwei Kammerjunker beigegeben, ferner verfügte er über vier Lakaien, zwei Pagen und einen Kammerdiener. Bei der örtlichen Domänenkammer wurde er als jüngster Rat angestellt. Als solcher musste er den älteren Mitgliedern der Kammer zuarbeiten. So lernte er die Landesökonomie und die Administration von den Wurzeln her kennen. Er lebte das Leben eines Prinzen auf Probe. Er wusste, dass er ständig beobachtet, dem Vater ständig berichtet wurde und spielte die gewünschte Rolle. Jetzt lernte er endgültig, sich zu verschließen und zu verstellen, zwei Eigenschaften, die man bis zu seinem Tod immer wieder als typisch für ihn konstatieren wird. Immer mehr Zeitgenossen bemerkten zudem schon beim Kronprinzen einen auffallenden Hang zum Zynismus. Er war Folge seiner permanenten Verstellung. Sie wurde zum Teil seines Wesens.

Ungefähr ein Jahr nach der misslungenen Flucht erschien der König am 15. August 1731 – einen Tag nach seinem Geburtstag – in Küstrin. Friedrich warf sich ihm zu Füßen, erneut kam es zur öffentlichen Unterwerfung und feierlichen Beteuerung seines Glaubens. Zum Abschied küsste er dem König die Stiefel.

Das Leben im sumpfigen Oderbruch bot wenig Angenehmes. Bei der Familie von Wreech auf Schloss Tamsel war Friedrich in seiner Küstriner Zeit häufig zu Gast. Der jungen Hausherrin, Eleonore Luise von Wreech, Gattin des Obersten von Wreech, scheint er ungewöhnlich zugetan gewesen zu sein und hat ihr in schwungvollen Versen und Briefen seine Liebe gestanden. Eine Leidenschaft, die allerdings keine körperliche Komponente einschloss, sondern Geist und Wesen der Schlossherrin ehrte.

Anlässlich der Hochzeit Wilhelmines mit dem Erbprinzen von Bayreuth am 20. November 1731 durfte Friedrich erstmals nach Berlin zurückkehren. Wilhelmine erkannte ihn zunächst nicht wieder. Er war kräftiger geworden, sein Gesicht sehr verändert, nicht mehr so schön wie ehedem. Sein Auftreten jedoch war stolz, er schien auf jeden herabzublicken. Auf Intervention des alten Dessauers und anderer Offiziere wird er wieder in die Armee aufgenommen und zu einem Infanterieregiment nach Ruppin versetzt, zu dessen Chef man ihn im Februar 1732 bestimmte. Acht Jahre wird er nun zunächst in Ruppin und dann im benachbarten Rheinsberg leben. Seine militärischen Verpflichtungen erfüllte er mit solcher Sorgfalt, dass auch der Vater ihm die Anerkennung nicht verweigerte.

Zur Entspannung trug auch bei, dass Friedrich noch in Küstrin gezielt ein junger Mann zugeführt wurde, der groß, hübsch, musikalisch und geistreich war und dennoch keine Gefahr für den Staat darstellte: Michael Gabriel Fredersdorf.

Voraussetzung für Friedrichs weitere Rehabilitierung war seine Einwilligung zur Hochzeit mit Elisabeth Christine von Braunschweig-Bevern, die am 12. Juni 1733 gefeiert wurde. Im Sommer 1734 begab sich Friedrich mit den preußischen Hilfstruppen zur Armee des Prinzen Eugen an den Oberrhein und nimmt am Polnischen Thronfolgekrieg teil. Doch bereits Anfang Oktober wurde er zurückgerufen, da Friedrich Wilhelm ernsthaft an Wassersucht erkrankt war. Der König erholte sich, wurde aber nie wieder völlig hergestellt. Friedrich konnte nicht in den Krieg zurückkehren. Er unternahm statt des Königs die jährliche Musterungs- und Inspektionsreise nach Ostpreußen.

Den Konflikt mit dem Vater hat Friedrich nie überwunden. Noch im Alter litt er unter den Erinnerungen, sie verfolgten ihn ein Leben lang. Immer wieder fragte er sich, was alles in seinem Leben besser geworden wäre, hätte er nicht diese grauenhafte Kindheit und Jugend gehabt. Immer wieder wühlten die Erinnerungen ihn auf. So berichtete er im Juli 1759 de Catt: „Mein Leben ist seit meiner frühesten Kindheit bis zu diesem Augenblick eine Kette von Leiden gewesen. Für einige Freuden habe ich tausend Mühen erfahren, und selbst mitten in den Freuden, die ich genieße, taucht das Bild meines Vaters auf, um sie zu vermindern. Wie rau ist er zu mir gewesen!" Aber das war nicht alles. Noch der Alte Fritz wurde häufig von quälenden Albträumen geplagt. Im Traum erschien ihm der Vater, lässt ihn von Soldaten ergreifen und einkerkern oder bedroht ihn mit dem Tode. De Catt berichtete er nach solchen Nächten: „Ich erwachte schweißgebadet, wie wenn man mich in den Fluss getaucht hätte. Welche absonderlichen Gedanken, welche wirren Bilder tauchen empor während des Schlummers der Vernunft!" Neben dem „mensa-Abenteuer" war es insbesondere das Katte-Drama, das ihn sein Leben lang verfolgte. Nachdem 1758 erst sein Bruder August Wilhelm, dann seine Schwester Wilhelmine gestorben waren, träumte ihm, sein Vater habe seine verstorbenen Geschwister in sein Gemach geführt und sie aufgefordert, sich ihm zu nähern.

Die Bedeutung der Träume beschäftigte den Friedrich intensiv. Er bezweifelte aber mit einem Horaz-Zitat, dass sie auch den Verlauf der Zukunft verkünden konnten: „Das glaube ein abergläubiger Jude, ich nicht." Bis zu seinem Lebensende kämpft er weiter gegen seinen Vater. Heute würde man sagen, Friedrich war schwer traumatisiert und blieb es bis zu seinem Tod. Das Verhältnis zwischen Friedrich und seinem Vater war die Geschichte einer fürchterlichen Entfremdung. Es spricht für die Größe beider, dass ihre Unverträglichkeit nicht aus Zuneigung oder familiärer Verbundenheit, sondern allein aus Vernunft noch vor dem Tod des Vaters überwunden wurde.

„Madame sind korpulenter geworden"

Die Heirat mit Elisabeth Christine

Die Ehe Friedrichs stand besonders für seine Gemahlin unter keinem günstigen Stern. Früh hatte er erklärt, er werde nur heiraten, um seinem Vater zu gehorchen, dann aber seine Frau „sitzenlassen". „Man will mich mit Stockschlägen zum Liebhaber machen", klagte er gegenüber Grumbkow. Er bedauere seine Dulcinea, wie er seine künftige Gattin nach der imaginären Geliebten des Don Quijote nannte, es werde „eine unglückliche Fürstin mehr in der Welt geben".

Als sich zeigte, dass die Wahl seines Vaters auf Elisabeth Christine von Braunschweig-Bevern gefallen war, die ihm als eine Frömmlerin geschildert wurde, empfahl er zynisch, sie doch erst mal seiner Großmutter, der ehebrecherischen, geschiedenen, abgesetzten und verbannten Kurprinzessin Sophia Dorothea von Hannover, zur Erziehung zu übergeben. Wilhelmine schilderte die Braut wenig schmeichelhaft: „Sie ist weder schön noch hässlich; es fehlt ihr nicht an Verstand, sie ist aber sehr schlecht erzogen, ist blöde, und weiß sich nicht zu benehmen."

Am 12. Juni 1733 fand in Salzdahlum, dem hölzernen Versailles bei Braunschweig, die Hochzeit statt. Die prächtige weitläufige Schlossanlage war zwischen 1688 und 1694 von Herzog Anton Ulrich aus Kostengründen aus Holz errichtet worden. 1813 wurde sie wegen Baufälligkeit wieder abgetragen. Es war ein prachtvolles Fest, es gab Ballett, eine Pastorale, in der Friedrich die Hauptrolle spielte, Opern von

Carl Heinrich Graun und Georg Friedrich Händel; der Kronprinz spielte Querflöte. Mehrfach erklärte er jedoch, seine „Principessa" genannte Querflöte sei die einzige Prinzessin, die er wirklich lieben könne. Vom König erhielt das Paar Schloss Rheinsberg unweit von Ruppin geschenkt. Am 2. Juli 1733 vermählte sich Elisabeth Christines Bruder Karl mit Friedrichs Schwester Philippine Charlotte, deren jüngerer Bruder August Wilhelm 1742 wiederum Elisabeth Christines Schwester Luise Amalie heiratete. Statt der Doppelhochzeit mit dem Weltreich der Hannoveraner hatte nun also eine Dreifachhochzeit mit einem norddeutschen Miniaturherzogtum stattgefunden. Das Haus Braunschweig-Bevern geriet dadurch in vollständige Abhängigkeit von den Entscheidungen der Berliner Politik. Dafür versorgten die preußischen Könige die Herzöge für mehr als ein halbes Jahrhundert mit Karrieren, Einkommen und höchsten Rängen in ihrer Armee. Statt selbst die Position einer Großmacht zu stabilisieren, hatte Preußen durch die Heirat seine Position in Norddeutschland gefestigt.

Elisabeth Christine war gehemmt und schüchtern. Sie wusste, dass sie hohe Erwartungen erfüllen sollte. Nach dem dramatischen Konflikt zwischen Friedrich und seinem Vater, der gescheiterten Flucht mit Katte, ruhten die Augen Europas auf dieser jungen Ehe. Die zumindest für Elisabeth Christine glücklichste Zeit waren die gemeinsamen Jahre in Rheinsberg. Auch wenn die Ehe, wie Friedrich es mehrfach angekündigt hatte, nicht vollzogen wurde, behandelte er sie doch höflich, und sie half ihm mit Darlehen ihres herzoglichen Bruders Karl aus, da er ständig mehr ausgab, als ihm der Vater gewährte. Auch Berliner Bankiers liehen ihm entgegen den Anordnungen des Königs Geld. Zudem erhielt er

Elisabeth Christine als Kronprinzessin, Antoine Pesne 1739

im Geheimen Geld vom Wiener Kaiserhof, vergebliche Zahlungen. Er zeigte sich später undankbar.

Nach dem Tod seines Vaters 1740 beendete Friedrich die ihm aufgezwungene Verbindung, ohne sich jedoch scheiden zu lassen. Die Ehe blieb kinderlos. Elisabeth Christine lebte während des Sommers im Schloss Schönhausen bei Berlin, das Friedrich nie besuchte. Die übrige Zeit wohnte sie im Berliner Stadtschloss. Hier trafen sich die Eheleute gelegentlich, zum Beispiel während des Karnevals, den Friedrich in Friedensjahren regelmäßig in Berlin genoss.

Als Berlin am 16. Oktober 1757 kurzfristig von den Österreichern unter Feldmarschallleutnant Andreas Hadik von Futak eingenommen wurde, musste Elisabeth Christine für zwei Tage nach Spandau fliehen. Doch Ende Oktober 1757 ordnete Friedrich an, dass sie mit dem gesamten Hof, den Spitzen der Verwaltung und den Kassen ins befestigte Magdeburg ausweichen solle. Erst drei Jahre später, im Februar 1763, konnte sie endgültig nach Berlin zurückkehren. Als Friedrich ihr am 30. März 1763 nach sechsjähriger Abwesenheit erstmals wieder begegnete, sagte er mit dem ihm eigenen Charme: „Madame sind korpulenter geworden." Sie beschäftigte sich viel mit Literatur und Seidenraupenzucht. Ihre Schwägerinnen, die nach und nach ihre Verwandtschaft erweiterten, und nach einiger Zeit auch die Königinmutter, versuchten die traurige Existenz der verlassenen Königin zu erleichtern.

Nach dem Urteil ihres Kammerherrn Lehndorff hatte sie wenige vergnügte Augenblicke. Über einen Aprilspaziergang 1757 heißt es: „Die Königin ergeht sich nachmittags im Tiergarten. Diese Fürstin, die sowenig Freuden hat, empfindet schon über Dinge, die uns recht gleichgültig sind, ein außerordentliches Vergnügen. Demnach ist für sie dieser Nachmittag himmlisch."

Wie die Prinzen und Prinzessinnen durfte auch die Königin ohne Erlaubnis des Königs ihren Aufenthaltsort nicht verändern. Dies führte immer wieder zu Demütigungen. Im

Sommer 1764 zum Beispiel redete ganz Berlin über nichts anderes als die bevorstehende Verlobung ihres Neffen des Kronprinzen. Drei Tage vor der Verlobung, die am 18. Juli stattfand, schreibt Lehndorff: „Die Königin ist in Monbijou voller Verzweiflung, dass sie noch keine Einladung hat." Immerhin, wenige Stunden später teilte ihr ein Bote mit, dass sie am Fest in Charlottenburg teilnehmen solle. Die Begegnung mit ihrem Gemahl währte jedoch nur kurz. Friedrich hatte Fieber und verließ das Fest bald wieder.

Nach dem Tod Friedrichs wurden sie und ihr Schloss Schönhausen zum eigentlichen Mittelpunkt der königlichen Familie. Sie starb 1797 im Berliner Schloss und wurde nicht an der Seite Friedrichs, sondern in der Gruft des alten Berliner Doms beigesetzt.

„Wir waren dort alle wie gute Freunde“

Glückliche Jahre in Rheinsberg

Die ersten drei Jahre ihrer Ehe sahen sich Elisabeth Christine und Friedrich eher selten anlässlich des Karnevals oder bei Familienfesten. Sie lebte in Berlin, Friedrich versah seinen Dienst beim Regiment in Ruppin, nahm 1734 am rheinischen Feldzug teil und absolvierte 1735 seine erste Inspektionsreise durch Preußen. Ihr gemeinsames Leben begann erst, als im Herbst 1736 beide Schloss Rheinsberg bezogen. Von Rheinsberg aus versah er weiter seinen Dienst in Ruppin und genoss die Distanz zu seinem Vater. Hatte er doch 1731 zu Adolf Friedrich Graf von der Schulenburg gesagt, „nichts fürchte er mehr als wieder immer um den König sein zu müssen“.

Friedrich selbst sagte später, er „habe nur für kurze Zeit, in Rheinsberg, das Bild des Glücks gesehen“. „Wir waren dort alle wie gute Freunde: Kein Zwang, keine Hofsitte, welche die Freude tötet. Wie oft denke ich an diese glücklichen Zeiten meines Lebens!“ Es wurde viel musiziert, in der Regel gab es jeden Nachmittag ein Konzert. 1738 komponierte er hier seine erste Symphonie. Friedrich trat in Korrespondenz mit einigen der vornehmsten Geistesgrößen seiner Zeit, mit Rollin, Fontanelle, überwiegend Franzosen, merkwürdigerweise nicht mit Montesquieu, dafür aber mit Voltaire. Ein Briefwechsel begann, der zu den faszinierendsten und geistreichsten des 18. Jahrhunderts und überhaupt der Weltliteratur gehört.

Von Rheinsberg aus trat Friedrich auch erstmals als politischer Schriftsteller an die Öffentlichkeit. Gedanken hierzu hatte er jedoch schon zuvor entwickelt. Sein frühestes politisches Glaubensbekenntnis findet sich im „Brief" an seinen Kammerjunker Karl Dubislav von Natzmer. Hier gab er sich zunächst pazifistisch, erklärte die Friedenswahrung zu einer fürstlichen Pflicht, entwickelte aber auch ein erstes Erweiterungsprogramm für Kurbrandenburg. Neben Pommern und Westpreußen werden insbesondere die Herzogtümer Jülich und Berg als wünschenswerte Erwerbungen genannt, Schlesien interessanterweise nicht. In Rheinsberg verfasste er 1738 seine große Denkschrift „Betrachtungen über den gegenwärtigen politischen Zustand Europas". Hier klingen schon einige Gedanken des „Antimachiavell" an; so enthält die Schrift zum Beispiel eine ausführliche Geißelung des fürstlichen Ehrgeizes. Frankreich mit seinem ständigen Expansionsdrang ist der Schurke der Abhandlung. Den Niederlanden und besonders England obliege die Wahrung des Gleichgewichts. Da sich auch schon sein Vater wegen der mangelnden Unterstützung des Kaisers hinsichtlich der Erwerbung von Jülich und Berg, die einst für die kurbrandenburgische Garantie der „Pragmatischen Sanktion" zugesagt worden war, beklagt hatte, formuliert Friedrich ein Plädoyer für die Beendigung der Unterstellung der brandenburgisch-preußischen Reichs- und Außenpolitik unter den Kaiser. Vom Erwerb Schlesiens ist noch nicht die Rede. Von einer ursprünglich geplanten anonymen Publikation sah Friedrich ab.

Ein Jahr später schrieb Friedrich den „Antimachiavell", den Voltaire stilistisch korrigierte und mit einem Vorwort versehen 1740 herausgab. Auf den ersten Blick handelte es sich um eine Widerlegung der Staatsphilosophie Nicolò Machiavellis, wie sie sich insbesondere im „Principe" von 1522 fand. Im „Antimachiavell" findet sich jene berühmte Formulierung, dass ein König der „erste Diener seines Volkes" sei. Er ist es deshalb, weil der Zweck der Herrschaft die allgemeine Wohlfahrt ist. Gewissermaßen war das eine Säkularisierung der Regierungsmaxime seines Vaters, der diesen Dienst als Gottesdienst begriffen hatte, als die Erfüllung einer von Gott gestellten Aufgabe. Bei Friedrich war es eine diesseitige Pflicht für das Wohlergehen von Volk, Staat und Monarchie, ohne jenseitige Konsequenzen.

Wieder wird der fürstliche Ehrgeiz angeprangert. Die Leidenschaften der Könige seien gefährlicher als Überschwemmungen, Pest und Feuersbrunst. Friedrich unterscheidet drei Arten von legitimen Kriegen: Verteidigungs-, Interessen- und Vorbeugungskriege. Bei näherer Lektüre zeigt sich, dass Friedrich schon in seinem ersten gedruckten Buch den Maximen des Florentiners gar nicht so fernstand.

Der „Antimachiavell" war Friedrichs Debüt in der Republik der Gelehrten und führte dazu, dass sein Regierungsantritt von den europäischen Aufklärern mit großen Hoffnungen erwartet wurde. Er begründete seinen Ruf als Philosophenkönig. Noch in Äußerungen aus seinen späteren Jahren klingt das Rheinsberger Glück nach: „Ich studierte Tag und Nacht. Ich fühle jetzt, dass ich Werke hätte lesen können, die mir für meinen Beruf nützlicher gewesen wären; aber indem ich die Dichtkunst, die schönen Künste und die Philosophie pflegte, glaubte ich, mir die Eignung für alles zu erwerben, und ich habe mich darin auch gar nicht so gewaltig getäuscht."

Der geistreich-spielerischen Beschäftigung diente die Gründung des auf zwölf Mitglieder beschränkten Ritterordens unter dem Schutzpatronat des Seigneur de Bayard, dem Ritter „Ohne Furcht und Tadel“ aus der französischen Geschichte. Zum Rheinsberger Kronprinzenhof gehörten nur wenige Militärs wie Dietrich von Keyserling und der welterfahrene und belesene Baron von Heinrich August la Motte Fouqué. Er fungierte auch als Großmeister des Bayardordens. Selbst Voltaire schätzte ihn. Seit 1736 diente hier Charles Etienne Jordan als Vorleser, Sekretär und literarischer Berater, nach Voltaire ein „guter und verschwiegener Junge“. Jordan war „ein besonderer Freund“ Friedrichs, auf dessen Freundschaft und Ehrlichkeit er sich verlassen konnte. 1739 erschien erstmals der naturwissenschaftlich interessierte junge Venezianer Francesco Algarotti. 1737 reiste Keyserling im Auftrage Friedrichs nach Cirey, um Voltaire nach Rheinsberg einzuladen, und um „das goldene Vlies“, sämtliche Werke Voltaires, nach Rheinsberg zu bringen.

Auch Antoine Pesne, der, 1683 geboren, schon seinem Großvater und seinem Vater als Hofmaler gedient hatte, gehörte zur Rheinsberger Entourage. Er war Gast der Tafelrunde und mit allerlei Ausschmückungen am Schloss beschäftigt. Hier begann seine Zusammenarbeit mit dem zweiten bedeutenden Repräsentanten des friderizianischen Rokoko, dem Architekten Georg Wenzeslaus von Knobelsdorff. Gemeinsam arbeiteten sie am Ausbau und der Ausgestaltung der Schlösser Rheinsberg, Charlottenburg, Sanssouci und des Potsdamer Stadtschlosses. Pesne, einer der hervorragenden Porträtisten seiner Zeit, starb 1757.

Auch Knobelsdorff gehörte zum festen Personal des Rheinsberger Musenhofes. 1699 geboren, war er 1732 von Friedrich Wilhelm in Friedrichs Umgebung installiert worden. Ursprünglich war er Soldat, beendete seine Offizierslaufbahn jedoch 1728 aus gesundheitlichen Gründen und wandte sich der Malerei zu, betätigte sich als Theaterintendant, Landschaftsgestalter und Innendekorateur. Diese Kombination von soldatischem Hintergrund und künstlerischer Begabung machte Knobelsdorff für Friedrich Wilhelm als Umgang für seinen Sohn interessant. Erst in Friedrichs Diensten wandte er sich hauptsächlich der Architektur zu. Nach ersten Bauten in Neuruppin und Rheinsberg sollte er maßgeblich an der friderizianischen Umgestaltung Berlins und Potsdams mitwirken. Noch als Kronprinz schickte Friedrich ihn 1736/37 zur weiteren architektonischen Ausbildung nach Italien. Seine Studienaufenthalte in Rom, Florenz, Neapel und Venedig waren mit dem Nebenauftrag versehen, ein paar Kastraten für die geplante Oper anzuwerben. Dieser Auftrag scheiterte, man konnte die finanziellen Erwartungen der verwöhnten Kastraten nicht erfüllen. Im Herbst 1740 folgte eine weitere Studienreise nach Paris. Nach Friedrichs Thronbesteigung wurde Knobelsdorff mit allerlei Aufgaben betraut. Er war zuständig für Bauten, Parks und Gärten, Schauspiel, Oper, Musik und Feuerwerke. Nichts ging Friedrich schnell genug, so dass er Knobelsdorff schon mal vorhielt, er sei „faul wie ein Artilleriepferd", und mit Sanktionen drohte. Knobelsdorff starb 1753 infolge eines Leberleidens. In seinen letzten Lebensjahren war sein Verhältnis zu Friedrich aufgrund von ästhetischen Differenzen, vor allem aber wegen Unstimmigkeiten über Baukosten gespannt. Dennoch ließ Friedrich am 24. Januar 1754 vor der Akademie der Wissenschaften eine von ihm verfasste Eloge auf Knobelsdorff verlesen.

Das gelehrte, geistreich literarische Klosterleben von Rheinsberg dauerte weniger als vier Jahre und wurde im

Ansicht von Rheinsberg, Georg Wenzeslaus von Knobelsdorff 1737

letzten Jahr 1739 durch eine neuerliche große Inspektionsreise nach Preußen in Begleitung des Königs unterbrochen. Beide hatten nun gelernt, miteinander umzugehen, wozu auch eine gewisse Distanz gehörte. Die Verbesserung ihres Verhältnisses zeigte sich auch daran, dass der König Friedrich während der Reise das königliche Gestüt Trakehnen mit Einnahmen von 10 000 bis 12 000 Taler jährlich schenkte. Das war eine willkommene Erleichterung, da Friedrich weiter Schulden machte.

Zurück in Rheinsberg widmete er sich wieder Geist, Kunst und Gelehrsamkeit. Friedrichs Verhältnis zu den Gelehrten war ambivalent. Weil er den Schutz der Wissenschaften als Teil des königlichen Amtes verstand, berief er Christian Wolff, den bedeutendsten deutschen Philosophen der Aufklärung zwischen Leibniz und Kant, der 1723 von seinem Vater unter dem Vorwurf des Atheismus entlassen worden war, nach seinem Regierungsantritt wieder nach Halle zurück. Allgemein jedoch hielt er Gelehrte und Professoren für Pedanten. Latinisierte Namen fand er lächerlich.

Wenn er der Ansicht war, dass die Gelehrten über nützliche Kenntnisse und einen guten Charakter verfügten, bemühte Friedrich sich, sie nicht all zu sehr mit seiner Spottsucht zu traktieren. Er las wichtige zeitgenössische Werke der Naturphilosophie wie Newton oder Willem Jacob's Gravesande, der jedoch seine Einladung an die Berliner Akademie ausschlug. Die Wiedergründung der Akademie gehört zu Friedrichs Verdiensten und hat das kulturelle Leben der Epoche bereichert. Nicht zuletzt diente die Akademie der Versorgung der Frei- und Schöngeister seiner Potsdamer Tafelrunde.

Als Leser verfolgte Friedrich aufmerksam die französischsprachigen Beiträge zur Aufklärung. Seine Korrespondenz mit Voltaire, Maupertuis und anderen sowie seine Gespräche mit seinen Vorlesern sind Spiegel dieser lebenslangen Beschäftigung. Die klassische Literatur des Zeitalters Ludwigs XIV. galt ihm als vorbildlich. Zeitlebens studierte er die in französischer Sprache zugänglichen philosophischen, historiographischen und poetischen Werke der Antike, aber auch zeitgenössische Geschichtswerke. Seine eigenen Schriften zeigen ihn als einen für das Jahrhundert der Aufklärung typischen Schriftsteller, der seine Werke in Auseinandersetzung mit der europäischen Republik der Gelehrten, in Reaktion auf die Fragen der Gegenwart, konzipiert. Kritik und Objektivität sind Schlüsselbegriffe insbesondere seiner historischen Arbeiten.

Eine seiner häufigen Lektüren waren Plutarchs Leben berühmter Männer sowie Cäsars Schriften. Friedrich schätzte den Skeptiker Pierre Bayle und empfahl dessen Werke auch seinem Bruder Heinrich. Bayle war die zentrale Figur der französischen Frühaufklärung. Sein wichtigstes Werk ist das

„Dictionnaire historique et critique". Bei ihm fand Friedrich überzeugende Argumente für eine nicht religiös bestimmte Moral und Ethik sowie für die Gewissensfreiheit auch für Andersgläubige und Atheisten und die Unterscheidung zwischen Glauben bzw. Meinung und Wissen.

Unter den Zeitgenossen schätzte Friedrich insbesondere Jean-Baptiste Louis Gresset, der in Frankreich wegen seiner antiklerikalen Stücke aus dem Jesuitenorden ausgeschlossen worden war, der Friedrichs Einladung, nach Berlin zu kommen, jedoch abgelehnt hatte. Gressets „Kartäuserin" konnte er auswendig.

Lesen und Schreiben beschäftigte ihn auch während der angespanntesten Phasen des Siebenjährigen Krieges. Damit lenkte er sich von seinen trüben Gedanken ab. Mit Bezug auf seine Kriegsverse und seine Absicht, einen verlorenen Krieg nicht überleben zu wollen, äußerte er: „Ich bin wie der Schwan, dessen Stimme niemals melodischer ist, als wenn sein Leben erlischt."

Friedrich verfügte über ein phantastisches Gedächtnis. Er kannte ganze Bücher sowohl der Antike wie der neueren Zeit auswendig. 1758 lernte er Passagen aus Cicero, Verse von Racine, von Voltaire oder einige Seiten von Valentin Esprit Fléchiers „Geschichte des Kaisers Theodosius zur Unterrichtung des Dauphin" sowie Werke von Jacques Bénigne Bossuet auswendig. Er war sehr stolz darauf, Cicero besser zu kennen und intensiver durchdrungen zu haben als viele gelehrte Magister. Besonders die Trauerreden von Fléchier und Bossuet schätzte er. Die Leichenrede auf den großen Condé von Bossuet konnte er auswendig. Selbstverständlich war er aufgrund der religiösen Unterweisungen während seiner Erziehung auch sehr bibelfest.

Die „Selbstbetrachtungen" Marc Aurels, ein Werk stoischer Lebensanschauung, gehörten zu Friedrichs Lieblingslektüren. Wie viele der eigenen Werke Friedrichs waren sie im Feldlager entstanden, wurden Teil der Weltliteratur und machten den Herrscher für die Nachwelt zum Philosophenkaiser.

Neben den antiken Schriftstellern, den klassischen Franzosen, philosophischen und historischen Werken studierte er kontinuierlich historische und strategische Abhandlungen. Besonders das Studium kriegskundlicher Werke setzte er bis ins hohe Alter fort. 1758 konstatierte er: „Die Kriegskunst hat ihre Anfangsgründe und ihre festen Grundsätze; man muss ihre Theorie sich erwerben und wohl einprägen; ohne die Theorie wird man niemals weit kommen. Früher dachte man nicht so; man bildete sich ein, dass die Theorie des Waffenhandwerks zum mindesten unnötig wäre; ich sage ‚zum mindesten', denn einige haben sogar gefaselt, sie schadete mehr als sie nützte. Das war ohne Zweifel der Gipfel der Albernheit. Aber jetzt hat das alles sein Gesicht verändert; man ist überzeugt, dass eine genaue und gründliche Kenntnis der Theorie des Handwerks unerlässlich ist, wenn man auf wirkliche Erfolge hoffen will, und dass der Krieg ein Studium und der Frieden eine Arbeit ist."

Friedrich sah seine musischen, literarischen und wissenschaftlichen Beschäftigungen nicht unkritisch. „Weil ein schriftstellender König ein wunderliches und anspruchsvolles Wesen ist, welches oft um der Wissenschaft willen die Staatsangelegenheiten vernachlässigt, die vor allem Anspruch haben auf seine Sorgen und auf seine volle Aufmerksamkeit." Doch schon bald kam er zu der Überzeugung, dass sie ein notwendiger Ausgleich für seine königlichen Geschäfte im engeren Sinne seien. „Vielleicht habe ich mein Herz zu sehr an die Dichtkunst und an die Beredsamkeit gehängt; aber sie bilden meine Erholung. Wenn ich nur sie habe, so langweile ich mich nie und kann die ganze Welt entbehren."

Als Dichter war Voltaire für ihn der höchste Richter. Als Historiker fühlte er sich dem großen Franzosen überlegen. Denn er bemühte sich um die „peinlichste Unparteilichkeit". Anlässlich seiner Studie über Karl XII. sagte er zu de Catt: „Sehen sie, ich habe es nicht wie Voltaire gemacht, der bald lobt und bald tadelt, je nachdem, wie der Wind, die Umstände und die Vorteile wehen. Er hat sich nicht geschämt sich zu widersprechen. Seine Widersprüche über diesen Fürsten werden ein ewiger Makel für den edlen Herrn Kammergeschichtsschreiber sein."

Des Weiteren diente ihm die Musik zur Erholung. Er spielte auf der Flöte sowohl selbstkomponierte Soli wie solche, die Quantz für ihn geschrieben hatte. Auch während des Krieges sandte Quantz ihm neue Solostücke zu. Bis 1758 hatte Friedrich, der sich zuweilen als armen Musikantenkönig bezeichnete, hundertzwanzig Flötensoli geschrieben.

Friedrich liebte es, in literarischen oder biblischen Zitaten zu sprechen, die der Situation angemessen waren. Wer hier parieren und, nachdem der König seine Passage geendet hatte, mit der Weiterführung des Zitates antworten konnte, hatte beste Chancen, zu höchstem Ansehen zu gelangen. „Bene, bene, dignus est intrare in nostro corpore." „Gut, gut, er ist würdig in unsere Körperschaft einzutreten" war in solchen Fällen das höchste Bildungslob des Königs.

Friedrich war ohne Zweifel einer der belesensten Herrscher seiner Zeit, aber seine extreme kulturelle Frankophilie hinderte ihn, an der Blüte der Sturm-und-Drang-Periode der deutschen Literatur teilzunehmen. Diese beeindruckende Bildungsbeflissenheit ist eine der ausgeprägtesten persönlichen Eigenschaften Friedrichs.

Die Jahre bis 1740 zeigen den künftigen König im Wartestand, seine Bewährung in Administration und Armee, die Heirat mit Elisabeth Christine, die glücklichen Jahre in Rheinsberg. Hier knüpft er teilweise lebenslange Freundschaften, z.B. mit Voltaire. Geist und Schönheit werden versammelt, die politischen Ideen der Aufklärung kultiviert, das System der großen Mächte und die Stellung Brandenburg-Preußens darin durchdacht.

Rheinsberg, das er im ersten Jahre seiner Regierung noch nutzte, schenkte er 1744 seinem Bruder Heinrich. Dieser ließ es über ein halbes Jahrhundert immer weiter ausbauen und gab ihm seine heutige Form.

„Seien Sie moralisch, o seien Sie moralisch!“

Königliche Liebschaften

Entscheidend für die Erklärung von Friedrichs Persönlichkeit ist seine sexuelle Orientierung. Friedrich war homophil. Fast alle Friedrich-Biographen gehen davon aus, dass der Konflikt mit dem Vater für seine Persönlichkeitsbildung entscheidend war. Aber neben dem Religionspunkt, dem Konflikt zwischen militärischer Orientierung und geistreicher Eleganz bestand in der sexuellen Orientierung Friedrichs der Hauptgegensatz zum Vater. Friedrich Wilhelm, der seinen Sohn so intensiv ausspionieren ließ, wird die Sache nicht entgangen sein. Friedrich wusste, dass dies für seinen Vater wie für die Mehrheit der damaligen Gesellschaft nicht akzeptierbar war. Wenn Friedrich Wilhelm während Friedrichs Küstriner Zeit wiederholt wünschte, dass sein Sohn „dem Satan aus den Klauen gerissen werden“ solle, scheint es dabei nicht allein um die Prädestinationslehre gegangen zu sein.

Auch verschiedene ausländische Gesandte berichteten ihren Höfen über Friedrichs „unnatürliches Laster“. Sie hätten dies kaum getan, wenn es nicht so gewesen wäre, denn sie waren Experten im Beobachten und Ausforschen. Keiner von ihnen kam auf die für das Zeitalter des Rokoko typische Idee, die Politik des preußischen Hofes durch die Lancierung einer neuen Mätresse zu beeinflussen.

Während der ebenfalls homophile Prinz Eugen es liebte, sich mit schönen Frauen zu schmücken, legte Friedrich keinen

Wert auf weibliche Gesellschaft. Es gibt durchaus lobende Äußerungen Friedrichs über bestimmte Frauen. Auch behandelte er einige Frauen sehr hochachtungsvoll. Es überwiegen aber seine anbetenden Äußerungen über Männer oder an männliche Zeitgenossen. Wenn er von Frauen im Allgemeinen sprach, dann oft mit Verachtung und Abneigung.

Verschiedene der Anwesenden überliefern das schockierende Verhalten Friedrichs anlässlich der Geburtstagsfeier seiner Schwägerin, der Gattin August Wilhelms und Kronprinzessin von Preußen, am 29. Januar 1756. Friedrich gab ihr ein großes Diner, das ein hässliches Ende nahm. Auslöser des Verhängnisses war die Aufdringlichkeit einer der Hofdamen, des Fräuleins von Brand. Beinahe hätte er sie hinauswerfen lassen. Er begnügte sich aber damit, über die Damen herzuziehen, indem er sagte, dass nur „die Scheusale am Hofe blieben, während die hübschen sich nach der Reihe verheirateten, und dass man jene garstigen Weiber schon auf zehn Meilen in der Runde röche". Danach herrschte Schweigen. Alles atmete erleichtert auf, als das Diner endlich beendet wurde und wollte „sich schleunigst aus dem Staube machen, wobei man ganz die Rangverhältnisse" vergaß. Es war, „als hätte die Erde gebebt und jeder wäre nur auf seine eigene Rettung bedacht". Graf Lehndorff stieß auf eine verzweifelte Prinzessin von Hessen-Darmstadt, deren Kutsche noch nicht da war. Sie beschwor ihn, ihr „eine einfache Sänfte zu besorgen, damit sie sich der peinlichen Lage entziehen könne". Mehrfach gab Friedrich auch in Gesellschaft seiner wenig galanten Überzeugung Ausdruck, alle Frauen seien Huren.

Sanssouci war während des friderizianischen Zeitalters eine weitgehend frauenfreie Zone. Die Gemahlin Friedrichs sah es nur einmal, während der Flucht des Hofes von Berlin nach Magdeburg am 23. Oktober 1758. Lehndorff notierte: „Die Königin ist niemals hier gewesen, und ich habe mich bei dieser Gelegenheit über die eigentümliche Fügung des Schicksals gewundert, dass die Königin von Ungarn ein Heer nach Berlin schicken muss, damit die Königin von Preußen die Residenz ihres Gemahls zu sehen bekommt."

Homosexualität, damals als Sodomie bezeichnet, galt als schwere Sünde und wurde vielerorts, wie im benachbarten Schweden, noch mit dem Tod bestraft. In Brandenburg galt wie in ganz Deutschland seit der Einführung der „Constitutio Criminalis Carolina", der sogenannten Peinlichen Halsgerichtsordnung durch Kaiser Karl V. 1532, die Todesstrafe durch Verbrennen. Erst 1794 wurde sie in Preußen mit der Einführung des Allgemeinen Landrechts wie schon 1786 in Pennsylvania, 1787 in Österreich und 1791 in Frankreich durch mildere Strafen ersetzt. Nach dem Regierungsantritt Friedrichs wurde die Todesstrafe für Sodomie jedoch in Preußen nicht mehr angewandt.

Friedrich war mit seiner Neigung keineswegs allein. Einige seiner Standesgenossen teilten diese Veranlagung, Eduard II. von England, Heinrich III. von Frankreich, Wilhelm III. von Oranien-Nassau, Statthalter der Niederlande und in Personalunion König von England, Schottland und Irland, Prinz Eugen, Friedrichs Vorbild als Heerführer, sein Bruder Prinz Heinrich oder Friedrich, der spätere erste König von Württemberg, der zeitweilig in seinen Diensten stand. Aber auch in seiner engeren Umgebung fand der junge Friedrich Männer mit ähnlichen Neigungen. Wie in allen Zeiten wurden auch im friderizianischen Preußen Homophile besonders von Institutionen angezogen, in denen

Männer unter sich waren. Da es keine Klöster gab, betraf dies besonders die Armee. Wilhelmine berichtete mit Bezug auf Friedrichs Favorit Katte über homoerotische Beziehungen unter den jüngeren Offizieren.

Erst kurz vor der Katastrophe von 1730 wurde sich Wilhelmine über die sexuelle Orientierung Friedrichs klar. „Einer der Pagen des Königs, namens Keith, wurde der Vermittler seiner Vergnügen. Dieser junge Mann hatte sich bei ihm dermaßen einzuschmeicheln gewusst, dass mein Bruder ihn leidenschaftlich liebte und ihm sein ganzes Vertrauen schenkte. Ich wusste von diesem Lebenswandel nichts, hatte jedoch bemerkt, wie vertraulich er mit dem Pagen umging, und hielt es ihm öfters vor, mit der Bemerkung, dass solche Manieren sich für ihn nicht ziemten." Friedrich entschuldigte sich, er könne nicht auf Keith verzichten, da dieser ihn über die Absichten des Königs informiere, so dass er wisse, wann er vor Begegnungen mit seinem Vater relativ sicher sei.

Schon bald war Friedrich von einer homophilen Entourage umgeben. Ganz gegen seine Intention hatte sein Vater dazu beigetragen, indem er seinem an allem Militärischen wenig interessierten Sohn die ständige Gesellschaft von Offizieren aufzwang. So gelangte auch der 1698 geborene Dietrich Graf von Keyserling in Friedrichs Umfeld. Er hatte studiert, eine Kavalierstour absolviert und war 1724 in das preußische Heer eingetreten. 1729 wurde er dem Kronprinzen als Stallmeister und Gesellschafter und, neben Hans Friedrich von Rochow, als Aufpasser beigegeben. Schnell erwarb sich der welt- und sprachgewandte Graf, der zudem ein guter Sänger war, die Zuneigung Friedrichs und verfiel seinerseits dem Charme des jungen Prinzen. Die gescheiterte Flucht und das Katte-Drama überstand er erstaunlicherweise ohne Nachteile und durfte Friedrich einige Jahre später nach Rheinsberg begleiten. Friedrich selbst bat seinen Vater nach seiner Begnadigung, Keyserling wieder als Adjutanten zu erhalten. Friedrich betrachtete ihn als seinen „allerzärtlichsten Freund", seinen „Liebling". Wegen seiner Stimme erhielt er den Ehrentitel „Schwan von Mitau". Er wurde Mitglied des Bayardordens und in Anspielung auf seinen Familiennamen sowie auf Julius Caesar im engeren Kreis Caesarion genannt. Wilhelmine nannte ihn, „einen ehrenwerten Mann, aber sehr verludert, völlig haltlos und schwatzhaft, der auf Schöngeist machte". Einem Freund schrieb Friedrich: „Erinnern Sie sich, dass Caesarion mir Alles ist." Nach der Thronbesteigung ernannte Friedrich ihn zum Oberst und Generaladjutanten, bewahrte ihm die „allerzärtlichste Freundschaft" und behielt ihn in seiner Nähe. „Kein Liebhaber kann angenehmer und verbindlicher mit seiner Geliebten umgehen" als der König mit Keyserling, berichtet der Kriegsrat August Wilhelm von Schwicheldt. Als sich Keyserlings Gichtleiden verschlimmerte, heiratete er 1742 eine Hofdame der Königin. 1745 verstarb er mit 47 Jahren. Nur beim Tod Duhans, seiner Mutter und der Schwester Wilhelmine zeigte Friedrich ein ähnliches Maß an Trauer. Friedrich kümmerte sich um Keyserlings Witwe und seine Tochter. An Sophie von Camas schrieb Friedrich: „Sie wissen, dass ich einen Freund verloren habe, den ich wie mich selbst liebte."

Unter jenen Männern mit denen Friedrich ein besonders enges Verhältnis pflegte, ist auch der 1710 geborene Friedrich Rudolph Graf von Rothenburg zu nennen. Er hatte in Frankfurt an der Oder und Lunéville studiert, war danach in die französische Armee eingetreten. 1732 hatte er am spanischen Feldzug, der zur Wiedereroberung Orans in Algerien führte, 1734 und 1735 am Polnischen Thronfolgekrieg teilgenommen. Aus Begeisterung für den jungen König trat Rothenburg 1740 in preußische Dienste. Schnell gewann er das Vertrauen Friedrichs, erhielt nach wenigen Monaten ein Dragonerregiment und wurde 1741 zum Generalmajor befördert und mit diplomatischen Missionen beauftragt. Anfang 1744 sandte man ihn an den Hof von Versailles, um das preußische-französische Bündnis zu erneuern. Während der beiden ersten Schlesischen Kriege wurde er mehrfach schwer verwundet. Nach dem Tode Keyserlings 1745 nannte Friedrich ihn zärtlich seinen „zweiten Caesarion" und pries ihn in mehreren Oden. Der englische Gesandte Lawrence berichtete 1745, Rothenburg werde wegen seiner Ränke „tödlich gehasst". Rothenburg versuchte seinen eigenen Günstlingen bei Beförderungen den Vorzug zu geben und die katholische Gemeinde in Berlin zu fördern. Friedrich liebte ihn dennoch. Rothenburg litt jedoch wie auch Friedrich später an Gicht und Koliken und starb früh. Am 30. Dezember 1751 schrieb Friedrich an Wilhelmine: „Gestern ist Rothenburg in meinen Armen verschieden. Ich bin unfähig, auf Deinen Brief zu antworten; Ich sehe nichts als meinen Schmerz. All mein Denken heftet sich an den Verlust eines Freundes; mit dem ich 12 Jahre in engster Freundschaft gelebt habe." Er ließ ihn in der katholischen Berliner Hedwigskirche beisetzen. Rothenburg starb kinderlos. Friedrich zog sich für mehrere Tage gänzlich zurück.

Auch Graf Leopold Alexander von Wartensleben kam wie Keyserling auf Initiative Friedrich Wilhelm I. in Friedrichs Umfeld. Über den 1710 geborenen späteren General berichtet Lehndorff, er habe 1756 nur widerstrebend seinen Abschied aus dem aktiven Dienst erhalten. „Es ist ein Mann ohne besondere Geistesgaben, der sich aber allgemeiner Achtung erfreut; auch als er in großer Gunst stand, hat er sich jene bei Günstlingen so seltene Bescheidenheit bewahrt, und auch in der Zeit seiner Ungnade hat er Freunde gehabt. Die Lästerzungen haben behaupten wollen, dass er seine Gunst mehr der Schönheit seines Körpers als dem Glanze seines Geistes zu verdanken hatte." Auch Wartensleben war ursprünglich einer der Aufpasser des Kronprinzen. Nach seiner Thronbesteigung beförderte Friedrich ihn zum Obersten und zu seinem Generaladjutanten. Wartensleben überredete Friedrich, bei Mollwitz das Schlachtfeld zu verlassen. Elisabeth Christine war unangenehm berührt, als Friedrich nach Ende des Siebenjährigen Krieges, ohne sie zu konsultieren, die Ämter an ihrem Hof neu besetzte und Wartensleben zu ihrem Oberhofmeister ernannte. Ihre Demütigung war umso schmerzlicher, da es in der Hofgesellschaft bekannt war, dass es im Sommer 1760 zwischen ihr und Wartensleben Streitigkeiten gegeben hatte. Er starb 1775.

In der frühen Zeit der Beziehung zu Keyserling begannen auch Friedrichs Freundschaften mit Keith und Katte. Dafür, dass auch diese Freundschaften homophil geprägt waren, sprechen neben Wilhelmines Bericht andere zeitgenössische Äußerungen. Deren Art zeigt aber auch, wie sehr das Thema tabuisiert war. Der Garnisonsprediger Besserer in Küstrin berichtet von Kattes letztem Gang und beschreibt den Moment, als er plötzlich Friedrich am Fenster erblickte: „Er erblickte endlich seinen geliebten Jonathan." Die biblische Dreiecksgeschichte zwischen König Saul, David und Jonathan gehörte zur Allgemeinbildung. Die Namen von David und Jonathan waren eine literarische Chiffre für Homosexualität. Entsprechendes galt für ihre Darstellung in den bildenden Künsten.

Beim ersten Zusammentreffen nach Flucht und Gefangenschaft mit dem Vater in Küstrin am 15. August 1731 fragte der Vater: „Hast du Katte verführt oder hat Katte dich verführt?“ Darauf nahm Friedrich die Schuld auf sich. Das Protokoll der Begegnung lässt offen, ob sich die Frage allein auf die versuchte Flucht bezog, oder auch auf jene abscheulichen Sünden, die während der Verhöre immer wieder angedeutet wurden.

Generalleutnant Adolph Friedrich Reichsgraf von der Schulenburg, der Vorsitzende des Köpenicker Kriegsgerichts, war Friedrich während seiner Küstriner Zeit als Regimentschef benachbart. Der König hatte ihn beauftragt, mahnend auf seinen Sohn einzuwirken. Schulenburg riet ihm darauf in einem Gespräch, sich vor Frauengeschichten zu hüten. Eine überraschende Warnung, denn der Neunzehnjährige war bislang nicht durch Frauengeschichten aufgefallen. Möglicherweise sollte der Hinweis auf die üblen Folgen einer gewöhnlichen Verfehlung Friedrich von schlimmeren unaussprechlicheren Fehlern abhalten. „Seien Sie moralisch, o seien Sie moralisch!“, beschwor Schulenburg ihn am Ende einer Unterredung. Im selben Gespräch erklärte Friedrich, sich dem väterlichen Wunsch nach einer Verheiratung nicht länger verschließen zu wollen. Nach der Hochzeit werde er seine Frau jedoch sitzen lassen und leben, wie es ihm gefalle.

Nach der Katastrophe von 1730 trat Michael Gabriel Fredersdorf auf den Plan. Fredersdorf war Friedrich von Kurt Christoph von Schwerin gezielt zugeführt worden, was nicht allzu ungewöhnlich war. Auch das württembergische Kabinett befasste sich später gelegentlich mit der Aufgabe, einen verlässlichen jungen Mann zu finden, der den Ansprüchen seiner Majestät gerecht werden konnte. Michael Gabriel Fredersdorf, groß gewachsen und wohlgestaltet, gemäß Voltaire „le grand factotum du roi Frédéric", wirkte weitgehend im Verborgenen und war dennoch eine der einflussreichsten Personen bei Hof. Fredersdorf wurde als Sohn eines Stadtmusikers um 1708 im pommerschen Garz geboren. Durch sein sympathisches Äußeres und sein gewandtes Flötenspiel erwarb er sich sofort die Zuneigung Friedrichs. Voltaire schreibt: „Dieser Soldat – er war jung, schön, gut gewachsen und spielte Flöte – diente dem Gefangenen in mehr als einer Weise zur Aufmunterung. All diese guten Eigenschaften haben später sein Glück gemacht."

Nach Aufhebung seiner Verbannung erwirkte Friedrich die Entlassung Fredersdorfs aus dem Regiment und nahm ihn zunächst nach Ruppin und später als Lakai und Kammerdiener nach Rheinsberg mit. Nach der Thronbesteigung avancierte Fredersdorf zum Geheimkämmerer und damit zum Verwalter der persönlichen Gelder des Königs.

Obwohl Friedrich es nicht gerne sah, wenn Bürgerliche Rittergüter besaßen, verlieh er Fredersdorf das Gut Zernickow. Wie bei Hofe zeigten sich auch hier Fredersdorfs ökonomische Fähigkeiten. Er gründete eine Ziegelei, legte Maulbeerpflanzungen für die Seidenraupenzucht an und gründete in Köpenick und Spandau Brauereien, erwarb eine Plantage im niederländischen Guyana und kaufte ein Frachtschiff, mit dem er sich am Ostseehandel beteiligte. 1740 begleitet er Friedrich nach Straßburg, 1751 tätigt er für den König Kunsteinkäufe in Paris.

Als Fredersdorf mit 49 Jahren ernsthaft an der Leber erkrankte, gestattete Friedrich ihm zu heiraten, „wann das zu

Deiner Pflege helfen kann". Doch riet er ihm fürsorglich, sich noch einen „kleinen Lakaien" und einen „Jäger" zuzulegen. Im Dezember 1753 vermählte sich Fredersdorf mit Caroline Marie Elisabeth Daum, der Tochter eines Potsdamer Bankiers und Gewehrfabrikanten. Fredersdorfs Ehe blieb kinderlos. Weiterhin versah er seinen Dienst beim König. Neben all seinen offiziellen Aufgaben arrangierte er die privaten Gesellschaften des Königs. Zudem beschäftigte sich Fredersdorf mit dem Anwerben und Platzieren von Spionen. Er war stets kränkelnd, weswegen er am 9. April 1757 um seine Entlassung bat. Er starb am 12. Januar 1758. Friedrich vertraute Fredersdorf fast unumschränkt und pflegte mit ihm die intensivste Freundschaft seines Lebens. Fredersdorf hielt sich dafür aus der Politik heraus und verzichtete auf äußeren Glanz und Ruhm.

Lehndorff berichtet über seine Visite in Sanssouci 1757: „Ich mache nun noch einen Besuch bei dem berühmten Fredersdorf, der unter dem Titel eines Kammerdieners des Königs so lange die Rolle eines Premierministers gespielt hat. Dieser Mann übte nämlich im Grunde alle Hofämter aus." Nach „dem König war er der einzige, der herrschte, und oft recht despotisch". Lehndorff fand es „erstaunlich, dass ein ganz gemeiner Mann" diese Position erlangen konnte. „Ein sehr hübsches Gesicht" habe ihm geholfen und „den Anfang seines Glückes" gemacht. Auch habe er es verstanden, „sich rechtzeitig zurückzuziehen, eine heikle Sache für Männer in Stellung wie für eine schöne Frau, wenn sie merkt, dass ihre Schönheit schwindet". So gesehen war Fredersdorf die preußische Pompadour. Die Marquise de Pompadour schaffte es als eine der wenigen weiblichen Mätressen, auch nach dem Ende der sexuellen Beziehung ihre zentrale Stellung bei Hof zu behalten. Gleichwohl hatte Fredersdorf niemals einen vergleichbaren politischen Einfluss.

Der Briefwechsel zwischen Friedrich und Fredersdorf dokumentiert ihre innige Freundschaft. Wenn Friedrich nicht in Potsdam war, schrieb er ihm zahlreiche Briefe, in denen er in größter Offenheit über sein seelisches und gesundheitliches Befinden berichtete. Aber auch um Fredersdorfs Gesundheit sorgte er sich rührend, wie ein Brief vom April 1754 zeigt: „Wohr [wenn] heute gegen Mittag die Sonne scheint, So werde ich ausreiten. Komme doch am fenster! Ich wolte Dihr gerne Sehen; aber das fenster mus feste zu bleiben und in der Camer mus Stark feuer seindt! gestren habe ich Deine besserung Celebrirt mit 2 butteilen ungerischen wein." Diese Briefe sind interessante Dokumente für Friedrichs schriftlichen Gebrauch der deutschen Sprache, der vollkommen phonetisch ist. In ihnen teilte Friedrich seinem Vertrauten auch seine erotischen Erlebnisse, zum Beispiel mit seinen Pagen mit.

Fredersdorfs Widersacher schrieben es seiner Eifersucht zu, dass ein anderer Favorit, Karlchen Glasow, für den Rest seines Lebens in Spandau inhaftiert wurde. Nach dem Tod Fredersdorfs verlangte Friedrich von dessen Witwe die Herausgabe seiner Briefe. Diese sandte ihm zwar zwei Päckchen, welche verbrannt wurden, behielt aber die meisten Briefe zurück, die 1926 wiederentdeckt und veröffentlicht wurden.

Fredersdorfs Aufstieg aus kleinen Verhältnissen zeigt, welche Möglichkeiten sich trotz der vermeintlichen ständischen Abgeschlossenheit im 18. Jahrhundert einem hübschen Mann in der Umgebung eines homophilen Fürsten boten, wenn persönliches Geschick und Glück zusammenwirkten.

Eine besondere Bedeutung in Friedrichs Leben kam seinen Vorlesern zu. Mit ihnen pflegte er einen sehr vertrauten Umgang. Ihre Aufgabe bestand weniger im Vorlesen als im Zuhören und Ausarbeiten der literarischen und poetischen Entwürfe sowie im Korrigieren seiner französischen Korrespondenz. Sie waren Friedrichs literarische Assistenten. Die Vorleser hatten seine poetischen und literarischen Werke zu korrigieren. Besonders bei seiner Korrespondenz mit Voltaire legte er bis ins hohe Alter Wert auf größte Perfektion, gegenüber anderen nicht unbedingt. Auf de Catts Kritik an einer Epistel an den Marquis d`Argens erklärte er: „Bei den Versen jedoch, wo die schlechte Rechtschreibung nach Ihrer Meinung den Reim beeinträchtigt, habe ichs nicht so genau genommen. Warum sollte man sich so quälen! Und man reimt ja vor allem fürs Ohr."

Zudem dienten die Vorleser der Konversation über Friedrichs Lieblingsthemen. Sie alle hatten Französisch als Muttersprache. Manche Gäste, an erster Stelle Voltaire, aber auch François Thomas Baculard d'Arnaud oder der Marchese Girolamo Lucchesini, erfüllten zeitweise ähnliche Aufgaben und erhielten Auszeichnungen wie den Kammerherrntitel und hohe Orden. Erst sein letzter Vorleser, der 1759 geborene Charles Dantal, Nachkomme hugenottischer Emigranten, der sein Amt 1784 antrat, als Friedrich bereits dreiundsiebzig Jahre alt war, scheint wirklich hauptsächlich vorgelesen zu haben.

Dass Friedrich keinen Zugang zur zeitgenössischen deutschen Literatur fand, lag auch an seiner einseitigen Personalpolitik. Zum Aufgabenbereich der Vorleser gehörte es, ihn über interessante Neuerscheinungen zu unterrichten. Da diese aber alle in der französischen Literatur beheimatet waren und sie auch als weit überlegen betrachteten, war die deutsche Literatur strukturell ausgeblendet.

Neben seinen persönlichen Bedienten waren die Vorleser die einzigen Personen, die täglich längere Zeit mit Friedrich alleine verbrachten. Sie nahmen damit Funktionen wahr, die an anderen Höfen von Beichtvätern, Mätressen und Favoriten ausgeübt wurden. Die Vorleser waren durchweg sehr gebildet. Darüber hinaus waren mehrere von ihnen bereits vor ihrer Indienstnahme für ihre homophilen Neigungen bekannt.

Die Reihe der offiziellen Vorleser wird eröffnet mit dem im August 1700 geborenen Charles Etienne Jordan. Gegen seinen Willen bestimmten ihn die Eltern zum geistlichen Stand. Nach dem Studium der Theologie übernahm er Pfarrstellen in der Uckermark und zuletzt in Prenzlau. Er veröffentlichte Schriften über Giordano Bruno, Literatur, Philosophie und Geschichte. Nach dem Tod seiner 1727 geheirateten Frau 1732, reiste er durch Europa und pflegte seine literarischen Verbindungen und Arbeiten. Ein Jahr war er Hofmeister des Barons Knypenhausen, bevor er auf Vermittlung des sächsischen Ministers Ernst Christoph von Manteuffel im September 1736 an den Kronprinzenhof nach Rheinsberg kam. In den folgenden Jahren wurde er zum unzertrennlichen Begleiter Friedrichs. Unter anderem fertigte er eine französische Übersetzung von Christian Wolffs „Moral" an und nahm an Friedrichs freimaurerischen Aktivitäten teil. Nach der Thronbesteigung wurde Jordan Geheimrat, Kurator der preußischen Universitäten sowie Aufseher über die Berliner Hospitäler und Waisenhäuser. Er errichtete ein Arbeitshaus für tausend Bettler und Bedürftige, teilte Berlin nach Pariser Vorbild in Polizeireviere und führte Mietdroschken ein. 1744 wurde er zum Vizepräsidenten der Akademie ernannt. Sein früher Tod im Mai 1745 verhinderte, dass er auch hier eine nachhaltige Wirkung entfalten konnte. Wie Friedrich lehnte er dogmatische theologische Systeme ab und war Deist.

In Gedichten bezeichnete Friedrich ihn als Hephaistion, der engste Freund Alexanders des Großen. Alexander und Hephaistion galten schon in der Antike als berühmtes Liebespaar. Das bis zu Jordans Tod andauernde innige Verhältnis zwischen ihm und Friedrich fand Niederschlag in ihrem Briefwechsel, in der „Eloge de Mr. Jordan" und in einem Grabmal, das Friedrich mit den Worten „Hier ruht Jordan, Freund der Musen und des Königs" errichten ließ.

Chronologisch folgte in der Reihe der Vertrauten Friedrichs Francesco Algarotti. Er war gleichaltrig und schon eine berühmte Figur der europäischen Aufklärung, als er während der Rückreise von St. Petersburg 1739 auf Empfehlung Voltaires erstmals beim Kronprinzen in Rheinsberg erschien. Nach der Thronbesteigung 1740 begab er sich für längere Zeit an Friedrichs Hof und begleitete ihn auf seiner Huldigungsreise und nach Straßburg. Über Algarottis sexuelle Orientierung besteht kein Zweifel, vielfache Zeugnisse von Zeitgenossen und eigene Briefe sind ganz eindeutig. Friedrich war begeistert. Der reiche Kaufmannssohn aus Venedig war jung, schön, polyglott und geistreich, stand in Verbindung mit den bekannten Aufklärern der Epoche, eine Zierde für den Hof. Schon kurz nach seiner Ankunft wurde er zum Grafen nobilitiert, 1747 königlicher Kammerherr und Ritter des Ordens pour le mérite. Als einer der ersten hatte sich Algarotti um die Popularisierung neuer wissenschaftlicher Erkenntnisse bemüht. Seine Schrift „Newtonianismus für die Damen oder: Dialoge über die Optik Newtons" von 1737 war ein europäischer Bestseller. Neben den Naturwissenschaften äußerte er sich auch zu Fragen der Philosophie, Kunst- und Literaturgeschichte. Zudem hatte er 1736 Voltaire in Cirey besucht. 1740 konnte Friedrich an Algarotti schreiben: „Mein geliebter Paduanischer Schwan, Voltaire ist angekommen."

Die Anrede als Schwan könnte ein Hinweis auf die sexuelle Orientierung sein. In der Mythologie zumindest ist der als Schwan getarnte Gott in der Regel der aktive Partner. Durch Algarottis Erscheinen wird sogar Keyserling zeitweilig verdrängt. Voltaire amüsierte sich im Dezember 1740 darüber, dass Algarotti trotz seiner Wertschätzung durch Friedrich weiter mit anderen Männern intim war. 1742 erkaltete das Verhältnis zu Friedrich. Algarotti ging für vier Jahre nach Dresden, kehrte aber 1746 an den Hof Friedrichs zurück, ohne dass das Verhältnis wieder so vertraulich wurde wie früher. 1753 verließ er aus gesundheitlichen Gründen Deutschland, blieb aber bis zu seinem Tod 1764 im vertrauten Briefwechsel mit Friedrich. Friedrich ließ ihm ein prachtvolles marmornes Grabmal in Pisa errichten.

Seinen gleichaltrigen Sekretär und Vorleser Claude Étienne Darget nannte Friedrich gelegentlich Lucine oder sein „bon enfant". Der junge König verstrickte Darget in seinem frivol-lästerlichen Gedicht „Palladion" in allerlei homosexuelle Abenteuer. Darget war zunächst Gesandtschaftssekretär des französischen Gesandten Guy-Louis-Henry Marquis de Valory. Anfang 1746 trat Darget als Kammerdiener und Vorleser in Friedrichs Dienste. Kurz zuvor war er in einer literarischen Fehde mit d'Argens als Verfasser einer Voltaire zugeschriebenen Ode auf Friedrich den Großen demaskiert worden. Möglicherweise war die Fehde inszeniert, um Darget in Friedrichs Nähe zu installieren, denn auch d'Argens unterhielt gute Beziehungen zu de Valory, den Friedrich den „dicken Marquis" nannte. Darget war de Valory treu ergeben. Als österreichische Husaren versuchten, den französischen Gesandten aus seinem Quartier zu entführen, behauptete Darget, er sei de Valory, und rettete den Gesandten so vor der Gefangennahme. Diese Entführungsszene eröffnete die Palladion-Dichtung mit der Behauptung, Valory sei das Palladium der preußischen Armee, solange er bei ihr sei, sei sie unüberwindbar. „Der Marquis de Valory macht den Knoten des ganzen Gedichts. Man nimmt an, der Himmel habe ihn mit der seltenen Gabe begnadigt, dass seine Gegenwart der Preußischen Armee Unüberwindlichkeit verleiht. Die Heiligen, die sich in Alles mengen, eröffnen das Geheimnis dem Prinzen von Lothringen. Dieser macht den Entwurf, den Marquis zu entführen." In der österreichischen Gefangenschaft berichtet der Darget der Dichtung dann unter anderem von sexuellen Exzessen während seiner Jugend in einem kirchlichen Knabeninternat. Friedrich lässt die Lehrer der Anstalt die berühmten gleichgeschlechtlichen Liebespaare der Weltgeschichte aufzählen und nennt Cäsar, mit dem er sich so gerne verglich, „das Weib aller Römer". Die Liste endet mit Jesus und seinem Lieblingsjünger Johannes. Vom Glanz so vieler berühmter Namen überwältig, gibt sich der Knabe Darget den sexuellen Wünschen seiner jesuitischen Lehrer hin.

Die Palladion-Dichtung, das amüsanteste literarische Werk Friedrich II. und ein Höhepunkt seines literarischen Schaffens, ist unmissverständlich homoerotisch geprägt, und offensichtlich war die Beziehung Friedrichs zu Darget dies auch. Der Text wurde zur persönlichen Katastrophe Dargets. Den Konventionen der Zeit gehorchend, hatte er sogar geheiratet. Er war entsetzt, dermaßen vorgeführt zu werden. Er zog sich zunächst nach Stettin zurück. Friedrich versuchte ihn mit seiner „Épître du Darget" und der „Palinodie" von 1749 zu versöhnen. Hier widerrief Friedrich sein Dichtwerk, indem er nun behauptete, der Darget der Dichtung sei nicht mit dem lebenden Darget identisch und der lebende habe nicht die der literarischen Figur unterstellten Laster. Es verletzte Darget noch mehr, dass die Dichtung, nachdem sie 1748 zunächst in Abschriften am Hof kursierte, 1750 in geringer Auflage als Druck erschien. So geistreich das Palladion war und so sehr es von manchen geschätzt wurde, waren viele Zeitgenossen doch wegen des frivolen und blasphemischen Inhalts entsetzt. Johann Georg Zimmerman, der letzte Arzt Friedrichs, schrieb 1790 anlässlich des Erscheinens der gedruckten deutschen Ausgabe, über den Inhalt des Gedichts könne und wolle er sich nicht äußern.

Nach der Ankunft Voltaires 1750 fühlte sich Darget zudem zurückgesetzt und bat unter dem Vorwand, einen Arzt in Paris aufsuchen zu wollen, um seinen Abschied. Am 14. März 1752 verließ Darget Potsdam für immer. 1753 erhielt er auch formal seinen Abschied, blieb Friedrich und Prinz Heinrich aber bis gegen Ende der siebziger Jahre durch einen freundschaftlichen Briefwechsel verbunden. Zumindest im Vorfeld des Siebenjährigen Krieges versuchte die französische Regierung, mit Hilfe Dargets die Absichten Friedrichs auszukundschaften. Beide trafen sich ein letztes Mal 1755 in Wesel. Darget verbrachte den Rest seines Lebens in bedrängten Verhältnissen. Auf Bitten, ihn oder seinen Sohn finanziell oder bei dem Versuch einer Anstellung zu unterstützen, reagierte Friedrich nicht, ließ ihm aber anfänglich mehrfach ausrichten, er sei willkommen, wenn er zurückkommen würde.

Dass es wegen der Palladion-Dichtung nicht zu diplomatischen Verwicklungen mit Frankreich kam, war wohl nur der Tatsache geschuldet, dass der „dicke Marquis" de Valory, der Frankreich mit Unterbrechungen noch bis 1756 in Preußen vertreten sollte, ein sehr humorvoller Mensch war. Eines Tages sagte Prinz August Wilhelm zu ihm: „Der Aufenthalt in Berlin, werter Marquis, tut Ihnen zweifelsohne wohl; Ihre Gestalt arrondiert sich zusehends." Valory erwiderte: „Monseigneur, ich habe Frankreich zumindest im Kleinen zu repräsentieren."

Der Abbé Jean-Martin de Prades, 1720 geboren, war als Aufklärer und Mitarbeiter der Encyclopédie bekannt und musste als solcher 1752 Frankreich fluchtartig verlassen. De Prades, ein guter Kenner der Kirchengeschichte, galt Friedrich als witzig und boshaft, eine Eigenschaft, die er allerdings Klerikern generell unterstellte. Auf Vermittlung Jean le Rond d'Alemberts, Voltaires und d'Argens wandte er sich nach Preußen und wurde zum Vorleser des Königs ernannt. Stolz auf seine Nähe zum König, begann er viele seiner Sätze mit „der König sagte mir", so dass er bald „Abbé der König sagte mir" genannt wurde. Zu Beginn des Siebenjährigen Krieges wurde er als französischer Spion enttarnt und in der Festung Magdeburg inhaftiert. Nach dem Krieg allerdings, ausgestattet mit einer geistlichen Pfründe und einer Pension, entlassen und nach Schlesien verbannt, wo er 1780 in geistiger Umnachtung starb.

Als de Catt im März 1758 seinen Dienst als Vorleser bei Friedrich antrat, wurde er fürsorglich vom Marquis d'Argens und dem englischen Gesandten Mitchell, beide Freunde des Königs, beraten. Übereinstimmend rieten sie ihm: „Bekunden Sie nur geringes Verlangen nach Vertraulichkeiten, mit denen er sich Ihnen nähern könnte." Das war zwar sowohl auf Gesprächsthemen bezogen, als auch ganz praktisch gemeint. Denn schon bald zwang Friedrich de Catt, Menuett mit ihm zu tanzen und nannte ihn gelegentlich seinen „Verlobten", auch bedachte er ihn mit einem Liebesgedicht. Der 1725 in Morges am Genfer See geborene Henri Alexandre de Catt war als gläubiger Calvinist ein idealer Widerpart für die Gedanken des Königs. 1762 erlaubte Friedrich ihm, sich zu vermählen; er heiratete Ulrike Kühn, die Tochter des preußischen Diplomaten in St. Petersburg. Seit 1760 war er Mitglied der preußischen Akademie der Wissenschaften und schönen Künste. De Catt behielt die Stelle als Vorleser länger als jeder andere, bis er 1780 in Ungnade fiel. Er wahrte jedoch seine Bezüge und verstarb 1795 in Potsdam. Seine Aufzeichnungen sind eine wichtige Quelle für den Alltag sowie die Gedankenwelt und literarischen Beschäftigungen Friedrichs in der zweiten Hälfte des Siebenjährigen Krieges.

Nach de Catt bekleidete der um 1750 in Lucca geborene Marquise Girolamo Lucchesini nach einem kurzen Zwischenspiel mit dem Abbé Duval de Peyrau auf Empfehlung d'Alemberts 1780 die Stelle als Friedrichs Vorleser, Bibliothekar und Kammerherr. Er wurde jedoch wegen nächtlichen Damenbesuchs schnell wieder entlassen.

Auch zu Karl Theophil Guichard pflegte Friedrich über Jahre eine enge Beziehung. Guichard war 1724 als Nachfahre hugenottischer Einwanderer in Magdeburg geboren, hatte unter anderem in Leiden und Halle studiert. Dort war er mit Johann Joachim Winckelmann befreundet. Seine Abhandlungen über das Heerwesen der alten Griechen und Römer gelten als Klassiker der Militärwissenschaft. Auf Seiten der Österreicher hatte er an den ersten beiden Schlesischen Kriegen teilgenommen. Nach dem Tod von Fredersdorf und Carel 1758 erschien er, durch Herzog Ferdinand von Braunschweig empfohlen, in Friedrichs Lager bei Breslau und bat um Anstellung. Anfänglich erlaubte Friedrich sich ein paar üble Scherze mit ihm. Bald jedoch scheint er eine intensive Zuneigung zu Guichard gefasst zu haben. Er wurde zum Hauptmann befördert, zum Flügeladjutanten ernannt und unter dem Namen von Quintus Icilius geadelt. Der Name sollte an einen Centurio Cäsars erinnern. Friedrich inszenierte damit, wie schon bei Keyserling, die Analogien zwischen ihm und Caesar. 1759 wurde Guichard Chef eines Freibataillons und führte den Befehl aus, Schloss Hubertusburg zu plündern, nachdem Johann Friedrich Adolf von der Marwitz dies als unehrenhaft verweigert hatte. Es war die Revanche für die Plünderung Charlottenburgs. Zwar heiratete er ein Fräulein von Schlabrendorff, Friedrich blieb ihm jedoch wohlgesonnen. Guichard wurde königlicher Bibliothekar, 1764 Mitglied der Akademie. Er war an der Gründung der preußischen Staatsbank beteiligt und mit der Verwaltung der Universitäten befasst. 1774 berichtet der französische Gesandte Marquis de Pons nach Versailles, Guichard genieße vor allen anderen „den Vorzug vertrauteren Umgangs" mit dem König und leiste ihm allabendlich bis zum Schlafengehen Gesellschaft. Der Dichter Gleim hoffte, mittels Guichard den König zugunsten der deutschen Literatur beeinflussen zu können. 1775 verstarb Quintus Icilius.

In seinen Mußestunden vergnügte sich Friedrich mit seinen Windspielen, Kammerdienern und Leibpagen, die in teurem Samt gekleidet wurden. Einer von ihnen, Carl Friedrichs von Pirch, war 1754 in den Hofdienst getreten. Der König berichtete an Fredersdorf über seine Spielchen mit dem neuen Lustknaben, wie „Carel vor Kitzeln gequiekt" habe, ein anderes Mal, dass er ihm die „Pfoten" auf den Rücken habe binden müssen. Als Carel „unartig" wurde und zu viel Geld ausgab, nahm ihm Friedrich sein Lieblingsspielzeug, einen Kahn, weg. Bald hatten sich beide wieder vertragen. Carel schloss „Schwesternschaft" mit der Windspieldame Alkmene, der „schwarzen Meine", woraufhin er „die weiße Meine" genannt wurde. Das war eine besondere Auszeichnung, denn „nichts glich der Liebe, die der König für die Hündin Alkmene hatte". Als sich pubertäre Pickel zeigten, machte Friedrich frivole Anspielungen auf die „Franzosen", die Syphilis. Friedrich liebte diese Art von nicht sehr geschmackvollen Scherzen. Einem der Liebhaber seines Bruders Heinrich, von der Marwitz, unterstellte er eine Infektion mit Tripper.

Zu Friedrichs Kummer starb Carlchen bereits mit siebzehn Jahren an den Folgen seines jugendlichen Leichtsinns. Als er den Monarchen zum ersten Mal in den Krieg begleiten durfte, kam er beim Spielen mit einer geladenen Waffe 1757 ums Leben.

Die Liebe zum König konnte gefährlich, ja tödlich sein. Katte war nicht der Einzige, der sein Leben verlor. Ein junger Offizier, Gregorii, erschoss sich, als Friedrich sich einem neuen Günstling zuwandte. Auch sein Diener Karlchen Glasow, den Friedrich „immer mit Güte überhäuft und zuletzt zum Kammerdiener gemacht" hatte, „so dass er beim König nach Belieben ein und aus ging", fand ein trauriges Ende. Er verbrachte, nachdem er eine Liebschaft mit einem Mädchen begonnen hatte, den Rest seines Leben wegen Hochverrats eingekerkert in der Festung Spandau. Angeblich hatte er als Spion der Gräfin Brühl versucht, Friedrich zu vergiften. Nach Lehndorff sprach Ostern 1757 ganz Berlin über die Glasowsche Angelegenheit.

Ehrenfried von Diebitsch, seit 1765 Friedrichs Adjutant, trat 1792 in die Dienste des Zaren Paul I., einem großen Verehrer des preußischen Königs. Paul hatte ihn als Zarewitsch 1776 während seiner von Friedrich und Prinz Heinrich arrangierten Brautwerbung in Berlin kennengelernt. Diebitsch musste den Zaren detailliert über den Jahres- und Tagesablauf Friedrichs unterrichten. Er berichtete dem Zaren unter anderem Folgendes: Ein Geheimkämmerer oder der erste Kammerdiener übergab dem noch im Bett befindlichen König morgens ein Paket mit eingetroffenen Briefen. Das war die erste Handlung jeden Tages. Dieser Kämmerer sei zuweilen, wie Zeising, ein Kammerlakai, öfters aber ein Kammerhusar, also ein Heiducke, wie Rüdiger, Thesen und Ohmann gewesen. Thesen, der dieses Vertrauensamt lange versehen hatte, sei unvermittelt in Ungnade gefallen. Man teilte ihm mit, er werde als Trommler zum Regiment Rohdig versetzt. Darauf äußerte Thesen gegenüber dem ebenfalls anwesenden Gardeadjutanten von Kessel, er müsse noch seinen Hut holen, verließ das Schlafgemach des Königs und erschoss sich in einer benachbarten Kammer. Ohmann behielt das vertrauliche Amt bis zum Tod Friedrichs.

In zahlreichen französischen anonymen Spottschriften, die größtenteils auf Voltaire zurückgingen, wurde Friedrich ab 1753 als Päderast und Homosexueller verspottet. Voltaire schildert auch das angebliche Ritual der königlichen Morgentoilette. „War Seine Majestät gekleidet und gestiefelt, huldigte der Stoiker für ein paar Augenblicke der Sekte Epikurs; er ließ zwei oder drei Favoriten kommen, Leutnants aus seinem Regiment oder Pagen, Heiducken oder junge Kadetten. Man trank Kaffee. Derjenige, der das Taschentuch zugeworfen bekam, blieb eine halbe Viertelstunde mit dem König allein. Es kam dabei nicht bis zum Äußersten. [...] Nach diesen Schuljungenvergnügen kamen die Staatsgeschäfte an die Reihe". Hier wie auch in seriösen Memoiren von Zeitgenossen entsteht der Eindruck, dass Friedrich sich mit homoerotischen sozialen Kontakten begnügt habe, ohne dass es zu sexuellen Handlungen kam. Die Aussparung dieses Aspekts mag aber auch auf den Restrespekt vor seiner Person und seinem Amt zurückzuführen sein. Dass Sex vorkam, ist auf jeden Fall normaler und wahrscheinlicher, als dass er nicht vorkam. Im Übrigen würde man bei der Erwähnung der Mätresse oder der Geliebten eines anderen Fürsten auch nicht die Schilderung sexueller Handlungen erwarten.

Ein ähnliches Ritual wie morgens wiederholte sich am Nachmittag. In der Regel wurde das Mittagsmahl um Punkt 12 Uhr serviert. Je nachdem, wie interessant Friedrich die Tischgesellschaft fand, konnte es sehr kurz sein oder mehrere Stunden dauern. Danach unterzeichnete er die morgens in Auftrag gegebenen Kabinettsschreiben. Dann nahm er seinen Kaffee. Sowohl nachmittags als auch morgens hatten, wie Diebitsch dem Zaren berichtete, verschiedene seiner „Lieblinge mit teilzunehmen die Ehre". Besonders ein ehemaliger Page von Sydow, der bald zum Offizier der Garde aufstieg und zu verschiedenen wichtigen Geschäften gebraucht wurde. Als er in Ungnade fiel, wurde er als Obrist in ein Garnisonsregiments abgeschoben und nahm seinen Abschied. Fast durchgehend sei die Gnade seiner Majestät, die sie „verschiedenen solchen Männern aus allerlei Ständen erwiesen, mit Undankbarkeit belohnt, und es schien, so sehr sich dieser große König auf die Physiognomie der Menschen verstehen wollte, dass sie doch in Absicht des ehrlichen und dankbaren Charakters nicht glücklich wählten, wenigsten missbrauchten alle, die so mit königlicher außerordentlicher Gnade überhäuft waren, solche, wodurch sie sie dann natürlich verlieren mussten." Die letzte Passage scheint darauf hinzudeuten, dass Friedrich häufiger seine Gunst „Männern aus allerlei Ständen" zuwandte, die seine Neigung nicht teilten. Vergleichbares kam ja auch in heterosexuellen Sphären vor.

Auffällig ist, dass Friedrich mehrfach Männer seiner Umgebung als Schwan bezeichnete. Seit der Antike galten Schwäne als Symbol geschlechtlicher Liebe. Göttervater Zeus wählte das Schwanen-Inkognito für sodomitische Überrumplungsangriffe. Der Schwan steht also für den sexuell aktiven Liebhaber. Allerdings galt der Schwan auch als Sinnbild hoher Dichtkunst. Vergil wurde als „Schwan von Mantua", Homer als „Schwan von Menader" bezeichnet. Der Schwan symbolisierte Apoll, den Gott der Schönheit, stand aber auch für schönen Gesang. Wenn Friedrich nun Männer in seiner Umgebung als Schwan bezeichnete, konnte sich das auf ihre poetischen oder gesanglichen Fähigkeiten beziehen, aber die Konnotation von Schönheit und Erotik klang mit.

Wäre Voltaire der alleinige Kronzeuge für Friedrichs homophile Neigung, könnte man bösartige Verleumdung vermuten. Aber es gibt auch eine Reihe von seriösen Berichten, wie in den Erinnerungen des Geographen und Oberkonsistorialrats Anton Friedrich Büsching, seines Arztes Johann Georg von Zimmermann, seines Adjutanten Ehrenfried von

Diebitsch und entsprechende Stellen in den Tagebüchern Lehndorffs, der Friedrich verehrte und zur engeren Entourage des Prinzen Heinrich gehörte. In Neuruppin spielte der Feldprediger, der sich vom neuen Regimentsinhaber herabgesetzt fühlte, in einer Predigt auf Friedrichs allzu vertrauten Umgang mit Offizieren an. Noch im Alter amüsierte sich Friedrich darüber, wie der Neuruppiner und andere moralisierende Prediger durch nächtliche Streiche abgestraft wurden. Nach Büsching konnte Friedrich die körperliche Anwesenheit von Frauen nicht lange ertragen, ohne unhöflich zu werden. Das „sinnliche Vergnügen", das ihm dadurch entging, habe er im Umgang mit Männern gefunden, ähnlich wie Sokrates mit Alcibiades.

Besonders die Aussagen von Diebitsch scheinen sehr verlässlich zu sein. Der Zar, sein neuer Dienstherr, verehrte Friedrich. Es wäre nicht sehr klug gewesen, ihm negative Details zu berichten, die nicht ohnehin bekannt waren oder gar unwahr gewesen wären. Darüber hinaus hatte Paul I. vielfältige andere Informationsquellen in Berlin. Entscheidender ist aber, dass Diebitsch Friedrich verehrte. Ähnliches gilt für Büsching, der die Neigungen Friedrichs mit Beispielen aus der antiken Geschichte umschreibt.

Die Antike spielte im homoerotischen Diskurs des 18. Jahrhunderts eine bedeutenden Rolle, zumindest soweit er als gebildeter Diskurs geführt wurde und nicht theologische oder juristische Aspekte im Vordergrund standen. Bei Friedrich findet sich dies in verschiedener Form, intime Freunde bekamen für den internen Verkehr innerhalb der engeren Entourage Friedrichs antike Namen. Die Palladion-Dichtung ist gleichermaßen Antikenrezeption wie Gegenwartsdarstellung und -stilisierung. Die Gestaltung des Freundschaftstempels, den er im Park von Sanssouci anlässlich des Todes seiner Schwester Wilhelmine errichten ließ, enthält ebenfalls zeitgeschichtliche wie antike Elemente. An den Säulen des Tempels, welche die Statue Wilhelmines umgeben, sind die Namen antiker Freundespaare auf Tafeln verzeichnet. Eigentlich hätte es näher gelegen, die Säulen des Tempels mit heterosexuellen Liebespaaren oder besser noch mit berühmten Geschwisterpaaren aus der Mythologie und Geschichte zu schmücken. Doch die dargestellten Freundschaftspaare Pylades und Orestes, Euryalos und Nisos, Herakles und Philoktetes sowie Peirithoos und Theseus waren für die Eingeweihten homoerotisch konnotiert. So ist die geliebte Schwester, seine Vertraute, auch im Tode von seinem offenen Geheimnis umhüllt.

Von einem relativ offenen Umgang mit seiner Sexualität zeugt auch, dass Friedrich eines der berühmtesten antiken Bildwerke am Ende des Laubenganges im Park von Sanssouci, immer sichtbar, direkt vor seinem Arbeits- bzw. Bibliothekszimmer aufstellen ließ. Gemeint ist der „betende Knabe", den man damals für eine Darstellung des Antinous, des Lustknaben Kaiser Hadrians, hielt. Friedrich hatte sie aus dem Nachlass des homophilen Prinzen Eugen erworben. Aufgrund der dem Knaben zugeschriebenen Identität, der Schönheit der Statue wie auch ihrer Vorbesitzer handelte es sich bei der Statue um eine europaweit bekannte homophile Ikone.

Ohne Zweifel profitierte Friedrich II. nach seiner Thronbesteigung hinsichtlich seiner persönlichen Lebensführung vom leichten Sinn des Rokoko. Für die Sexualmoral war das Rokoko gleichbedeutend mit einer gewissen Libertinage. Man kann von einer spezifischen rokokoesken Freizügigkeit sprechen. Die rigide Sexualmoral, die sein Vater Friedrich Wilhelm in seiner Lebensführung beherzigte und auch von seinen Familienmitgliedern verlangte, war jedoch ebenso eine, wenn auch entgegengesetzte, Ausprägung des Zeitgeistes. Friedrich hatte in seiner Biografie beide Extreme kennengelernt.

Im Gegensatz zu anderen Herrschern mit denselben Neigungen vermochte Friedrich sich nicht zur Fortsetzung seiner Dynastie zu zwingen. Er verzichtete darauf, den Anschein zu erwecken, seine Gemahlin habe seine Kinder empfangen. Stattdessen ernannte er seinen Bruder August Wilhelm zum Kronprinzen und drängte ihn, den Fortbestand der Dynastie zu sichern. Schon bei Beginn seiner Regierung war Friedrich klar, dass er einer der vorrangigsten königlichen Pflicht, der Erhaltung der Dynastie, nicht nachkommen konnte. Er versuchte dies mit Ruhm und Eroberungen zu kompensieren, um dennoch als großer König in die Geschichte einzugehen. Der Staat war ihm zeitweise egal. Er war bereit, Preußen für seinen persönlichen Ruhm, schlimmstenfalls für sein eigenes glorioses Ende zu opfern. Nachdem er und der preußische Staat die Krise des Siebenjährigen Krieges überlebt hatten, versuchte er wiederum, die Folgen seiner verantwortungslosen Politik von 1740 zu kompensieren und widmete sich, als ob er Buße täte, dem Wiederaufbau und der Stärkung des geschundenen Landes.

Gerüchte über eine Geschlechtskrankheit oder eine chirurgische Verstümmelung, die es ihm verwehrt hätte, intim mit Frauen zu verkehren, gehören ins Reich erst posthum entstandener Legenden. Auch für einen in der Literatur gelegentlich zitierten Brief, in dem er die Vagina seiner frisch angetrauten Frau in hohen Tönen preist, gibt es keinen Beleg. All dies haben Historiker im 19. Jahrhundert erfunden. Denn es musste erklärt werden, wieso der deutsche, der protestantische Held Friedrich keine Kinder hatte. Als Held konnte er weder impotent noch schwul sein, aber er konnte eine „galante" Krankheit haben, und die zog er sich dann nach seinem Tod zu.

Friedrich war unfähig, die erste Pflicht des Königs zu erfüllen, dem Staat die Dynastie und der Dynastie den Staat zu erhalten. Nur der Kindersegen seiner Brüder verhinderte – neben dem von ihm kurz vor seinen Tod gegründeten Fürstenbund –, dass es mit Friedrichs Tod zu einer dynastischen Katastrophe kam, wie sie das Haus Habsburg 1740 erlebt hatte.

Friedrichs Homosexualität allein erklärt nicht seine Politik. Es gab viele homosexuelle Monarchen in der Geschichte, die auf die eine oder andere Weise für den Fortbestand ihrer Dynastien sorgten oder sorgen ließen oder Land und Krone an Bruder oder Schwester oder eine Nebenlinie fallen ließen. Anderen war auch dies egal. Friedrichs Homosexualität wurde durch seinen unstillbaren Ehrgeiz, einer der größten Könige seiner Zeit werden zu wollen, zum Problem. Die ständigen Vorhaltungen seines Vaters, er sei unfähig und ungeeignet, sowie das Bewusstsein seiner Unfähigkeit oder seiner Unwilligkeit, einer der ersten königlichen Pflichten nachzukommen, führten bei Friedrich zu kompensatorischen Handlungen, die in den gewagten Schritt von 1740 mündeten und sein ganzes weiteres Leben dominierten und die deutsche und mitteleuropäische Großwetterlage durch den preußisch-österreichischen Dualismus bis über 1866 hinaus beeinflussten.

„Die Welt hat kein schöneres Genie hervorgebracht“

Friedrich und Voltaire

Zu den Lebensthemen Friedrichs gehörte seine Verbindung zu Voltaire. Der Hang des Königs zu den Philosophen im Allgemeinen war keineswegs nur eine private Vorliebe. Er entsprach seinen jugendlichen Neigungen, insbesondere auch der Abgrenzung zum bigotten Wesen des Vaters und der Dominanz des Pietismus im Brandenburg-Preußen seiner Jugend. Vor allem diente er seiner Selbstinszenierung als aufgeklärter Herrscher. Er bezeichnete sich selbst als „Philosoph aus Neigung und Politiker aus Zwang“.

Die Kontaktaufnahme mit Voltaire 1736 folgte einer wohlüberlegten Dramaturgie. Die Unterwerfungsgeste des Kronprinzen, „ich wünschte, Sie wären Lehrer der Fürsten“, erzwang das Lob Voltaires: „Der Norden bebte, des Olymps Bewohner kamen, / Es grünten, frisch Olive, Lorbeer und die Myrten, / Und Friedrich erschien.“ Der französische Aufklärer galt als die höchste Instanz des gebildeten Europa. Sein Lob vermittelte Ruhm und Prestige. Da auch der Philosoph sich durch die Korrespondenz mit dem Thronfolger geschmeichelt fühlte, fand sie von Anfang an unter den Augen der Öffentlichkeit statt. Dafür sorgte Voltaire, und so wurde Friedrich schon vor seiner Thronbesteigung ein Hoffnungsträger der europäischen Aufklärung.

Am 11. September 1740 kam es zu einer ersten kurzen Begegnung im niederrheinischen Schloss Moyland. Voltaire war aus Brüssel herbeigeeilt. Das Treffen war jedoch von ei-

François Marie Arouet, genannt Voltaire, Nicolas de Largillière 1730

nem Malariaanfall Friedrichs überschattet. „Ich habe diesen Voltaire gesehen, den kennen zu lernen ich so begierig war", schrieb Friedrich an Jordan; „aber ich hatte Fieber, und mein Kopf war so unbotmäßig wie mein Körper schwach war. Wenn man mit Menschen dieser Art zusammen ist, dürfte man nicht krank sein; man sollte ganz auf der Höhe sein, ja wohler als sonst. Er hat die Beredsamkeit eines Cicero, die

Anmut eines Plinius und die Weisheit eines Agrippa; mit einem Wort, er vereinigt die Tugenden und Gaben von drei der größten Männer der Antike. Sein Geist arbeitet ohne Unterlass. Er trug ‚Mahomet' vor, seine bewundernswerte Tragödie, und hielt uns völlig in Bann; ich konnte nur schweigend bewundern. Die Châtelet kann froh sein, ihn zu haben; ein Mensch mit einem guten Gedächtnis könnte aus seinen hingeworfenen Bemerkungen ein glänzendes Buch verfertigen."

Auch der König der Philosophen war von der ersten persönlichen Begegnung angetan: „Ich sah einen der liebenswürdigsten Menschen", berichtete er, „einen Mann, der in der Gesellschaft glänzen würde, der überall in hohem Kurs stünde, selbst wenn er nicht ein König wäre, ein Philosoph ohne Strenge, voll von Sanftmut und Rücksichtnahme, der seinen Rang vergisst, wenn er bei Freunden ist, ja ihn so völlig vergisst, dass er mich ihn beinahe auch vergessen ließ. Es bedurfte einer Anstrengung, um mich zu erinnern, dass der Mann, der am Fußende meines Bettes saß, ein Souverän mit einer Armee von 100 000 Mann war." Er spreche ebenso gut wie er schreibe. „Ich weiß noch nicht, ob es größere Könige gegeben hat, aber ein liebenswürdigerer Mensch hat noch nicht gelebt. Es ist ein Wunder der Natur, dass der Sohn eines gekrönten Menschenfressers, unter Narren erzogen, in seiner Einöde die Feinheit und all die natürliche Anmut sich angeeignet hat, die in Paris die Errungenschaften einer nur kleinen Anzahl sind und dennoch den Ruhm von Paris ausmachen."

Wenig später, am 20. Oktober, starb überraschend Kaiser Karl VI. ohne männliche Erben. Zwar hatte der Kaiser versucht, durch die sogenannt „Pragmatische Sanktion" von

1713 und entsprechende Garantieverträge mit den europäischen Mächten, auch mit Friedrich Wilhelm I. und den deutschen Reichsfürsten, seiner Tochter Maria Theresia das Erbe aller seiner Besitzungen zu garantieren, doch Friedrich erblickte in diesem Todesfall eine Chance für sein „Rendezvous mit dem Ruhm". Voltaire war enttäuscht. Der französische Premierminister Kardinal Fleury beauftragte ihn, Informationen über Friedrichs Absichten zu sammeln.

Im November 1740 kam Voltaire nach Rheinsberg. Doch schon im Dezember hat sich die Freundschaft zwischen dem jungen König und seinem Lieblingskorrespondenten abgekühlt. Der sächsische Gesandte schrieb nach Dresden, das große Vertrauen Friedrichs zu dem Franzosen sei in Nichts zergangen, weil Voltaire dem König in die Regierungsgeschäfte hineinrede.

Die Beziehung zwischen dem König der Philosophen und dem königlichen Philosophen stieß schnell an eine unüberwindbare Grenze. Voltaire hoffte, durch seine Nähe zum preußischen Monarchen eine Rolle in der französischen Außenpolitik zu spielen, und in Versailles hoffte man, durch Voltaire Friedrichs Politik zu beeinflussen. Friedrich beabsichtigte jedoch nicht, zu einer französischen Marionette zu werden. Friedrich war über das Ausmaß der Korrekturen am „Antimachiavell" und über die Höhe der von Voltaire verlangten Reisekosten verstimmt. Man verabschiedete sich nach einer Woche etwas verkühlt. Doch man blieb in Kontakt.

Nach dem ersten Schlesischen Krieg besuchte Friedrich im Sommer 1742 die Kurbäder in Aachen, wieder kam Voltaire auf eine Woche. Man unterhielt sich glänzend. Voltaire erhielt erneut das Angebot eines Hauses mit Ausstattung in

Berlin bei völliger Freiheit über seine Zeit. Diese reizenden Anerbieten hatten den Wermutstropfen, dass Voltaires Gefährtin, die Marquise de Châtelet, eine bekannte Mathematikerin, Physikerin und Philosophin, nie mit eingeladen wurde. Friedrich teilte nicht gerne.

Als Kardinal Fleury 1743 starb und sein Platz in der Akademie nicht mit Voltaire besetzt wurde, erneuerte Friedrich seine Einladung. Voltaire folgte dem Ruf. Erneut war er mit dem wohldotierten Auftrag der französischen Regierung versehen, die Geheimnisse der Politik Friedrichs auszuforschen. Um leichter das Vertrauen des preußischen Königs zu erlangen, sollte er als missvergnügter Emigrant auftreten.

Friedrich wiederum sorgte dafür, dass der Pariser Regierung von dritter Seite Voltaires abfällige Äußerung über den Erzieher des Dauphin, des französischen Kronprinzen, mitgeteilt wurden. „Meine Absicht ist es, ihm in Frankreich den Boden so heiß zu machen, dass er nach Berlin kommen muss." Beide waren durchtrieben und durchschauten die Intrigen des anderen, und beide fieberten in gegenseitiger Faszination ihrem neuerlichen Treffen entgegen.

Im Sommer 1743 traf Voltaire an Friedrichs Hof ein, begleitete ihn nach Bayreuth und versuchte, Friedrichs Schwager für seine und Frankreichs Interessen zu instrumentalisieren, um Einfluss auf Friedrichs Politik zu gewinnen.

Da Voltaire seine politische Mission nicht erfüllen konnte, trennte man sich Mitte Oktober wieder. Der Briefwechsel geriet in den nächsten Jahren etwas ins Stocken, man traute sich gegenseitig nicht mehr. Politisch entspannte sich das Verhältnis, als Preußen 1744 ein Bündnis mit Frankreich auf zwölf Jahre schloss. Voltaires Gefährtin Émile de Châtelet war entsetzt von dem Gedanken, er könne ohne sie nach

Berlin übersiedeln, und sie tat alles, um ihn in Cirey zu halten. Der Briefwechsel der Marquise mit Friedrich, der seit 1738 währte, endete 1744 verstimmt.

Ein angeblich in Frankreich kursierendes Gerücht, Voltaire habe die Gunst des Königs verloren, veranlasste jenen, um eine der höchsten Auszeichnungen zu bitten, die Friedrich vergeben konnte, den Orden Pour le mérite, doch seine Ergebenheitsadressen wurden von Friedrich schon lange nicht mehr ernst genommen. Er schrieb im September 1749 an Algarotti: „Es ist schade, dass eine solche kleine Seele mit einem solchen Genie vermählt ist. Er hat die netten kleinen Possen und Bosheiten eines Affen. Aber ich werde nichts sagen, denn ich brauche ihn für meine französischen Studien." Friedrichs Ehrgeiz, auch als großer französischer Schriftsteller in die Geschichte einzugehen, war außerordentlich. Um dieses Ziel zu erreichen, wollte er sich des größten Sprachkünstlers seiner Epoche versichern und traktierte Voltaire erneut mit Einladungen. Doch erst als Émilie de Châtelet im September 1749 am Kindbettfieber verstarb, verfolgte Voltaire seine Umzugspläne ernsthaft. Auch der junge König mit all seinen Begabungen hatte seine Faszination für Voltaire noch keineswegs verloren. „Die Tage, die ich mit Friedrich dem Großen verbringen werde, werden die schönsten meines Lebens sein", glaubte Voltaire.

Als Voltaire 1750 nach Potsdam kam, wurde ihm zu Ehren im Hoftheater sein Stück „Caesars Tod" mit den königlichen Geschwistern Heinrich und Amalie in den Hauptrollen aufgeführt. Der Auftakt war glänzend, die Gespräche sprühend. Voltaire bekam den ersehnten Orden, das phantastische Jahresgehalt von 20 000 Franken, seine verwitwete Nichte eine lebenslange Rente von 4000 Franken. Er versicherte Friedrich, er wolle den Rest seines Lebens zu dessen Füßen zubringen. „Die Abendessen beim König sind entzückend", schrieb er am 6. November 1750 an seine Nichte, „da plaudert man Vernunft, Geist, Wissenschaft; da herrscht die Freiheit; er ist die Seele des Ganzen; keine schlechte Laune, keine Wolken, wenigstens keine Gewitter". Doch schon bald stellten sich wieder Irritationen ein.

Nun begannen die glanzwollen Zeiten der berühmten Tafelrunde Friedrichs, wie Adolph Menzel sie 1850 im Nachhinein auf seinem berühmten, 1945 zugrunde gegangenen Gemälde imaginierte. Neben Voltaire und weiteren gelegentlichen auswärtigen Gästen oder Offizieren nahmen die führenden Köpfe der Berliner Akademie der Wissenschaften hieran teil, Algarotti, General von Stille, Lordmarschall Georg Keith, Marquis d`Argens, Feldmarschall James Keith, Graf Rothenburg und La Mettrie, der Akademiepräsident, Physiker und Mathematiker Pierre Louis de Maupertuis. Es handelte sich um Friedrichs geistreiches Gegenstück zum Tabakkabinett seines Vaters. Und wie dort gab es nur Männer, keine Frauen. Das dominierende Männlichkeitskonzept war jedoch sehr unterschiedlich: im Tabakkabinett lokale Mundart redende, rauchende und biertrinkende Militärs, an der Tafelrunde elegante französisch parlierende europäische Berühmtheiten, die sich in der Gelehrtenrepublik bereits ausgezeichnet hatten, kein Bier und kein Rauch.

Durch einen abendlichen Wortwechsel zwischen Maupertuis und Voltaire kam es zu einem europaweit beachteten Skandal. Obwohl Maupertuis ursprünglich auf Empfehlung Voltaires zum Akademiepräsidenten berufen worden war, machte Voltaire ihn nun in seiner Streitschrift „Akakia" gnadenlos lächerlich. Er griff die Anschuldigung von Maupertuis` Übersetzer ins Deutsche auf, das von Maupertuis formulierte „Prinzip der kleinsten Wirkung" stamme eigentlich von Leibniz. Friedrich fand die Schrift „geistvoll, wahr und witzig", hatte jedoch die Publikation ausdrücklich verboten. Voltaire publizierte sie dennoch. Friedrich ließ sie öffentlich verbrennen. Infolge des Streits nahm Maupertuis 1753 seinen Abschied und zog nach Basel, wo er am 27. Juli 1759 starb.

Möglicherweise war Friedrich nicht ganz unschuldig an der Auseinandersetzung. Giebitsch, jahrelang Mitglied der engeren militärischen Suite des Königs, berichtet: Nach dem abendlichen Konzert unterhielt sich Friedrich in der Regel mit den Anwesenden und den hinzugekommenen Generälen, Geistlichen usw., währenddessen suchte er „oft Gelegenheit zum Streit unter den Anwesenden zu geben und durch sein Einmischen zu verlängern, wobei er außerordentlich vergnügt sein konnte". Aber dieser Zugabe bedurfte es nicht unbedingt, Voltaire war für seine Bosheit bekannt.

Weitere Misshelligkeiten kamen hinzu, an denen eindeutig Voltaire die Schuld trug. Mit Hilfe eines Berliner Juden versuchte er für 40 000 Taler sächsische Staatsanleihen zu erwerben, was in Preußen streng verboten war. Das Geschäft scheiterte, und es kam zwischen Voltaire und dem Juden Hirsch zu einem Gerichtsverfahren um als Sicherheit hinterlegte Edelsteine.

Während seines Aufenthaltes in Berlin und Potsdam erschien 1751 sein „Siècle de Louis XIV" und 1750/51 sein „Abriss der Universalgeschichte". In beiden Arbeiten wurde erstmals der Kulturgeschichte ein wesentlicher Platz eingeräumt. Zudem erschien 1751 die erste Gesamtausgabe seiner Werke in Paris. An all dem nahm Friedrich, der selbst historisch arbeitete, lebhaften Anteil. Doch weitere Unstimmigkeiten brachten das Fass zum Überlaufen. Voltaire war zu Ohren gekommen, Friedrich habe über ihn gesagt: „Ich brauche ihn noch höchstens ein Jahr; man presst die Orange aus und wirft die Schale weg." Voltaire bat um seinen Abschied, wurde jedoch zunächst nur für eine Kur beurlaubt. Er nutzte die Gelegenheit, um von Leipzig aus weitere Schmähschriften gegen Maupertuis zu publizieren.

Über Leipzig kam Voltaire am 30. März in Frankfurt an. Dort wurde er auf Intervention von Friedrichs Residenten Baron Franz von Freytag unter Arrest gestellt, weil er Orden, Kammerherrnschlüssel und einen unerlaubt mitgeführten Gedichtband des Königs herausgeben sollte. Möglicherweise aufgrund eines Missverständnisses oder Übereifers des Residenten wurden Voltaire und seine Nichte Mme Denis länger als nötig, nämlich fünf Wochen festgehalten. Ein europäischer Skandal, der auch Friedrich nicht ohne Makel zurückließ.

Friedrichs Einstellung zu Voltaire blieb in der Folge ambivalent. „Die Welt hat kein schöneres Genie hervorgebracht, als Voltaire es ist; aber ich verachte ihn ganz und gar, weil er nicht ehrlich ist. Wenn er es wäre, wie überlegen müsste er dann jedem Lebenden sein! Indem die Natur diesem Genie die Tugend versagt, die ihm zur Zierde gereichen würde, scheint sie dadurch alle entschädigen zu wollen, die keine oder nur mittelmäßige Gaben haben." Bei aller Bewunderung blieb er Zeit seines Lebens überzeugt, Voltaire sei „boshaft, treulos und gefährlich".

Nachdem der Briefwechsel zwischen den beiden 1758 wiederaufgenommen wurde, verschlang Friedrich die Briefe des Franzosen, wann immer er einen erhielt. Trotz aller Differenzen blieb Voltaire für ihn zeitlebens der „Patriarch der Literatur". Doch das Misstrauen hielt an.

Nach dem Ende des Siebenjährigen Krieges wurde ihre Korrespondenz mit gelegentlichen Stockungen bis zu Voltaires Tod am 30. Mai 1778 fortgeführt. Es kam sogar zu gemeinsamen Aktionen. Voltaire finanzierte die Verteidigung von Opfern des kirchlichen Fanatismus in Frankreich und versuchte ihnen auch publizistisch beizustehen. Manche der von Voltaire Geretteten wurden von Friedrich mit Stellen in Preußen versorgt. Nachdem Voltaire sich in Ferney bei Genf fest niedergelassen hatte, wechselten Geschenke hin und her. Gegenstand ihrer Briefe waren neben Kultur und Literatur gemeinsame Bekannte und auch weiterhin die Politik, wobei Friedrich ihn nun mit Informationen behutsamer versorgte als in früheren Jahren. Zunehmenden Raum nahm eine fast zärtliche Anteilnahme an den Altersleiden des jeweils anderen ein. Den Tod Voltaires, mit dem ihn eine vierzigjährige Beziehung verband und an dessen Schaffen er auch in Zeiten der Entzweiung stets lebhaften Anteil genommen hatte, bedauerte Friedrich zutiefst. Voltaires Tod erinnerte an das eigene Alter. Eines der letzten Mitglieder seiner glänzenden Tafelrunde der frühen Jahre hatte die Welt verlassen.

„Was kümmert mich, wenn Euch Vernunft auf Thronen schreckt?“

Die Thronbesteigung

Am 26. Mai 1740 erreichte ein Eilbote Rheinsberg und brachte die Nachricht, dass der König im Sterben liege. Friedrich eilt nach Potsdam und hat noch drei Tage Zeit, sich mit dem Vater über die Geheimisse des Staates zu besprechen. In Anwesenheit der Generäle bekräftigt Friedrich Wilhelm die völlige Aussöhnung mit dem einst gehassten Thronfolger: „Aber tut mir Gott nicht viel Gnade an, dass er mir einen so würdigen Sohn gegeben!“ Der sterbende König dankte am 31. Mai in Anwesenheit der königlichen Familie wie der Spitzen von Staat und Armee zugunsten seines Sohnes ab. Er kam aber nicht mehr dazu, eine entsprechende Urkunde zu unterzeichnen.

Friedrich II. übernahm fast alle hohen Militärs und Beamten des Vaters. Weder in der Verwaltungsweise noch in den Ministerien und Kammern veränderte er irgendetwas, außer dass er einige Beförderungen für alte Vertraute aussprach. Allerdings werden neue Pagen und Hofbediente angestellt. Es zeigt die noble Seite seiner Persönlichkeit, dass er auf Rache verzichtete. Natürlich wusste er genau, welche Offiziere am Ende des Prozesses 1730 für seinen Tod gestimmt hatten. Nicht ohne Stolz erzählte er später de Catt: „Ich wusste es, und als ich den Thron bestieg, behandelte ich diese feigen Schmeichler so, als ob ich ihre Niedertracht nicht kannte. Ich habe mich nicht an ihnen gerächt – und nun sagen Sie, ob ich nicht ein Philosoph bin!“ Wie schon sein Vater verzichtete Friedrich auf eine Krönung und die damit verbundenen Kosten.

Der Regierungsantritt Friedrichs war furios und wurde nach dem harten Regime des Soldatenkönigs allgemein hoffnungsvoll begrüßt. Namentlich die Landbevölkerung hoffte, dass er sie von der „Sklaverei" des Kantonsystems befreien würde. Am vierten Tag seiner Regierung verkündete er als ersten Schritt der Justizreform die Abschaffung der Folter. Ausgenommen waren nur Fälle von Hochverrat. Schon sein Vater hatte 1714 ein Edikt gegen Missbräuche bei Hexenprozessen erlassen. Sie bedurften künftig der Zustimmung des Königs und waren damit faktisch beendet worden.

Der von den Pietisten aus Halle vertriebene Christian Wolff wurde zurückgerufen. Die lutherische Orthodoxie versuchte, den Regierungswechsel zur Unterdrückung der katholischen Schulen für Soldatenkinder zu instrumentalisieren. Bereits 1723 hatte Friedrich Wilhelm I. eine erste hölzerne katholische Kirche auf dem Gelände der Gewehrfabrik in Spandau errichten lassen. Friedrich schrieb am 22. Juni an den Rand der Eingabe des Geistlichen Departements die berühmten Worte: „Die Religionen müssen alle toleriert werden, und muss der Fiskal nur das Auge darauf haben, dass keine der anderen Abbruch tut, denn hier muss ein jeder nach seiner Fasson selig werden." In einem Brief aus der gleichen Zeit heißt es: „Alle Religionen sind gleich und gut, wenn nur die Leute, so sie bekennen, ehrliche Leute sind, und wenn Türken und Heiden kämen und wollten das Land bevölkern, so wollen wir ihnen Moscheen und Kirchen bauen." An der diskriminierenden Behandlung der Juden hielt er jedoch fest.

Die Liberalisierung der Zensur führte zum Aufschwung Berlins als Verlagsort. Friedrich war der Ansicht, dass Gazetten, sollten sie interessant sein, nicht zensiert werden dürften. Kriegsbedingt wurde die Zensur jedoch im Juli 1743 wieder eingeführt, sie blieb aber im Wesentlichen auf politische Aspekte beschränkt. Über und gegen Religion konnte man fast alles schreiben. „Was kümmert mich, wenn Euch Vernunft auf Thronen schreckt? / Mir leuchtet hell das Licht, das die Vernunft erweckt", dichtet Friedrich 1749. Preußen war der aufgeklärteste Staat Europas.

Huldigungen nahm er nur in Berlin, Königsberg und Kleve persönlich entgegen, ansonsten wurde vor Bevollmächtigten gehuldigt. Wie sein Vater verzichtete er auf die Einberufung von Landtagen und regierte mit Hilfe permanenter landschaftlicher Ausschüsse. Die mit Kosten und Zeitaufwand verbundenen ständisch gegliederten oder adelsdominierten Landtage, deren wesentliche Aufgabe die Bewilligung von Steuern, aber auch die Herstellung von Akzeptanz dem Handeln der Regierung gegenüber waren, waren in der Mehrzahl der deutschen Länder ständigen Ausschüssen gewichen. Sie kosteten weniger und waren immer da, wenn man sie brauchte. Nachdem Friedrich die Huldigungen in Berlin und Königsberg entgegengenommen hatte, führte ihn sein Weg nach Kleve über Bayreuth, wo Wilhelmine besucht wurde. Zudem wurde aus Anlass der Reise ein Ausflug nach Straßburg unternommen.

Die Reise nach Straßburg unternahm er inkognito unter dem Namen eines Grafen du Four, eines reichen böhmischen Edelmannes. Er reiste fast ohne Begleitung, nur Algarotti und Fredersdorf leisteten ihm Gesellschaft. In Straßburg kleidete er sich nach der neusten französischen Mode ein. Er stieg in einem der ersten Häuser, dem „Rabenhof" ab. Dort lernte er einige französische Offiziere kennen. Dies führte zu einer Einladung beim französischen Generalgouverneur in Straßburg, Marschall von Broglie. Dort wurde jedoch sein Inkognito gelüftet, was zu seiner überstürzten Abreise führte.

Diskreter hingegen verlief ein Abstecher nach Amsterdam, den er 1755 von einer seiner Inspektionsreisen durch seine westdeutschen Besitzungen machte. Es war die Flussreise, auf der er de Catt kennenlernte. Er gab sich als Kapellmeister des Königs von Polen aus und begehrte in Amsterdam die Gemäldesammlung eines Handelsherrn zu besichtigen. Man sagte ihm, dass der Zeitpunkt unpassend sei, er möge doch morgen wiederkommen. Diese ungewohnte Behandlung amüsierte den König noch Jahre später.

In Kleve besichtigte er ein Kloster und bemerkte, dass die örtliche Forstkasse bedeutende Beträge an die Mönche überwies. Nach dem Grund gefragt, antworteten die Mönche, dies sei die Bezahlung der Seelenmessen, welche sie für die alten Herzöge von Kleve lesen, damit sie vom Fegefeuer erlöst würden und die himmlische Gnade erlangten. Friedrich gab seiner Verwunderung darüber Ausdruck, dass ihre jahrhundertelangen Gebete immer noch keine Wirkung gezeigt hätten, und bat, ihm einen Kurier zu schicken, wenn die Sache vollendet sei.

Beim Gegenbesuch Wilhelmines im Oktober in Berlin stellte sie fest, dass ihr Bruder wenige Monate nach der Amtsübernahme äußerst unpopulär war. Kaum eine der Erwartungen, die man in ihn gesetzt hatte, war erfüllt worden. Seine Reformen waren nur bei den wenigen Aufklärern beliebt. Der Klerus, besonders die von seinem Vater geförderten Pietisten waren entsetzt, die hohen Steuern wurden nicht gesenkt, das verhasste Kantonsystem blieb, die Armee wurde sogar vergrößert, man warf ihm wie seinem Vater Geiz vor. Einige, die ihm als Kronprinz beigestanden hatten, fanden ihn undankbar. Die Landtage der Provinzen wurden nicht einberufen. Seine Bevorzugung von Franzosen in allen Bereichen schaffte viel Unmut.

Kurz nach seiner Thronbesteigung schrieb er im Mai 1740 an Voltaire, er habe erstens die Streitkräfte Preußens um sechzehn Bataillone und sechs Eskadronen vergrößert, und zweitens „die Grundlagen der Akademie gelegt" – Maupertuis, Algarotti und Wolff seien bereits gewonnen, bei Euler, Vaucanson und Gravesende habe man angefragt.

Neben den staatlichen Reformmaßnahmen trug die Berliner Akademie, die nach ihrer Neugründung „l'Académie Royale des Sciences et des Belles Lettres" hieß, den Ruf des Philosophenkönigs in die Welt. Ihre Korrespondenz reichte bis nach Boston und Philadelphia. Ihre unmittelbare Wirkung blieb jedoch nicht zuletzt aus finanziellen Gründen beschränkt. Finanziert wurde sie aus den Erträgen des Kalendermonopols. Dies reichte jedoch kaum zur Deckung der Kosten. Unmittelbar nach der Thronbesteigung ging Friedrich daran, seine „Schöngeister", die Mitglieder seiner Tafelrunde, in ganz Europa einzusammeln.

Friedrich berief den französischen Mathematiker Maupertuis zum Direktor. Neben ihm wurden noch der Mathematiker Euler, die Literaturwissenschaftler Marquis d'Argens, Joseph Du Fresne de Francheville, Toussaini und Merian, die Philosophen Beguelin und Sulzer berufen. Später gehörte auch Voltaire dazu. Am 23. Januar 1744 fand die erste Sitzung im Berliner Schloss statt, und am nächsten Tag, seinem Geburtstag, unterzeichnete Friedrich die Statuten der Akademie. Fast alle Mitglieder gehörten auch zur Tafelrunde des Königs. Maupertuis war nach Friedrichs Schilderung eitel, eifersüchtig auf die Begünstigungen anderer, aufbrausend und zuweilen lächerlich. Er habe jedoch, anders als Voltaire, ein gutes Herz gehabt. Als Voltaire ihm einmal sein Herz anbot, soll er entgegnet haben: „Pfui, Sie wollen mir das schlechteste Ihrer selbst geben!" Algarotti galt Friedrich nach Voltaire als das gebildetste Mitglied der Tafelrunde. Der französische Arzt und Philosoph La Mettrie war heiter, kurzweilig, leichtsinnig und freigiebig. Nach Friedrich hatte er die unangenehme Eigenschaft, dass er im negativen wie im positiven Sinn über Menschen schrieb, die er gar nicht kannte. Er war Friedrich geistesverwandt, weil er einer der bedeutendsten Vertreter des materialistischen Menschenbildes war.

François-Thomas-Marie de Baculard d'Arnaud, ursprünglich ein Protegé Voltaires, wurde am Hof Friedrichs als Voltaires Nachfolger gehandelt, wofür dieser sich mit ätzenden Spottgedichten rächte.

Nach dem Siebenjährigen Krieg, als d'Alembert Friedrich schriftlich bei der Leitung der Akademie beriet, avancierte Berlin auch zur Hauptstadt der deutschen Aufklärung. Die Preisfrage von 1777, ob es von Nutzen sein könne, das Volk zu betrügen, löste ein breites Echo aus; auch Gastwirte und Landpfarrer schickten Antworten ein. Johann Gottfried Herder beantwortete die Preisfrage „Über den Ursprung der Sprache" und Immanuel Kant 1784 die bekannteste der Berliner Preisfragen: „Was ist Aufklärung?" „Aufklärung ist der Ausgang des Menschen aus seiner selbst verschuldeten Unmündigkeit. Unmündigkeit ist das Unvermögen, sich seines

Verstandes ohne Anleitung eines anderen zu bedienen. Selbst verschuldet ist diese Unmündigkeit, wenn die Ursache derselben nicht am Mangel des Verstandes, sondern der Entschließung und des Mutes liegt, sich seiner ohne Leitung eines anderen zu bedienen. Sapere aude! Habe Muth, dich deines eigenen Verstandes zu bedienen! ist also der Wahlspruch der Aufklärung."

1780 scheiterte Friedrichs Versuch, durch die Schrift „De la littérature allemande" der deutschen Sprache, anders als der französischen, die Fähigkeit zu klassischem Ausdruck und Schönheit abzusprechen. Führende Schriftsteller wie Friedrich Gottlieb Klopstock und Justus Möser wiedersprachen dem König deutlich. Selbst für einen absolutistischen Monarchen war es unmöglich, eine Despotie im Reich der deutschen Literatur zu errichten. Hier hatte sich die „Deutsche Freiheit" bereits durchgesetzt. Die Lebendigkeit der deutschsprachigen Literatur profitierte von der territorialen Vielgliedrigkeit des Reiches, die ein zentrales Reglement für die Literatur auch in ästhetischer Hinsicht verhinderte.

In diesem Zusammenhang ist auch die 1783 von der Berliner Akademie der Wissenschaften gestellte Preisfrage zu sehen: „Was hat die französische Sprache zu einer Universalsprache gemacht, warum verdient sie diesen Vorzug? Darf man vermuten, dass sie ihn bewahrt?"

Da die französische Kultur im Deutschland des ausgehenden 18. Jahrhunderts zunehmend als Kultur des Adels und der Höfe verstanden wurde, erhielt die antifriderizianische Verteidigung der deutschen Sprache und der spätere Kampf gegen das „Welschtum" eine entschieden bürgerliche Note. In dem Maße, in dem sich der Nationalgedanke zum „ideologischen Konstrukt" des Bürgertums verfestigte, hatte Preußen aufgrund der demonstrativen Frankophilie Friedrichs II. sowie seiner zeitweise reichsfeindlichen Politik Schwierigkeiten, sich als Kristallisationspunkt nationaler Hoffnungen darzustellen. Es fehlten aber auch der traditionellen Kaisermacht Österreich geeignete Mittel und Wege für eine nationale Sinnstiftung.

Sprach- und Literaturpolitik waren für Friedrich wichtig, aber nicht entscheidend, wie ein Dialog mit de Catt aus dem Frühjahr 1759 zeigt. Friedrich eröffnete das Gespräch: „Wenn ich zur Zeit jener alten Sophisten gelebt hätte, so hätte ich wie sie über das Für und Wider aller Dinge streiten können, und ich hätte keinen Spaß verstanden; ich hätte geschrien wie ein Menschenfresser, wenn die Gründe falsch gewesen wären." De Catt schmunzelte, worauf Friedrich fortfuhr: „Sie glauben vielleicht, ich wäre ein literarischer Gewaltherrscher geworden?" Nun entgegnete de Catt: „Das behaupte ich nicht gerade, Sire. Aber ich glaube, bei Ihren Auseinandersetzungen mit den hartnäckigen Sophisten hätten Sie ebensoviel Vergnügen gehabt, wie bei der Vernichtung ihrer Feinde." Daraufhin meinte Friedrich, dass es wohl einen Unterschied gebe. „Dieses erste Vergnügen ist im Hinblick auf das zweite unendlich klein."

Mit dem Regierungsantritt Friedrichs wurde die Aufklärung in Preußen zur offiziellen Politik. Nach der pietismusfreundlichen Phase unter Friedrich Wilhelm I. änderte sich das Klima ab 1740 grundlegend; der zuvor dominante Einfluss des Pietismus schwand rapide, und die religiöse Sozialdisziplinierung der preußischen Untertanen wurde zunehmend durch eine militärische ersetzt. Die Verbindung zwischen Pietismus und preußischem Militär insbesondere in Form des Feldpredigerwesens blieb dabei jedoch erhalten.

„Brechen Sie auf zum Rendezvous des Ruhms“

Zwei Schlesische Kriege

Am 31. Mai 1740 folgte Friedrich seinen Vater auf den Thron. Innerhalb weniger Tage begann er sein umfangreiches Reformprogramm. In Blick auf die Zukunft wurde die massive Vermehrung seiner Truppen mit Hilfe des von seinem Vater hinterlassenen Staatsschatzes entscheidend. Als die Nachricht vom überraschenden Tod Kaiser Karls VI. am 20. Oktober 1740 in Rheinsberg eintraf, forderte Friedrich von dessen Erbin Maria Theresia – sie war fünf Jahre jünger als er – die Abtretung weiter Gebiete in Schlesien. Dafür versprach er, sie bei der Behauptung ihres restlichen Erbes zu unterstützen. Im Vertrauen auf die europaweit garantierte Pragmatische Sanktion wies Maria Theresia dies Ansinnen empört von sich. Nachdem ein Ultimatum Friedrichs vom 11. Dezember verstrichen war, führte er am 16. Dezember eine Armee von 27 000 Mann über die schlesische Grenze. Damit löste er den Österreichischen Erbfolgekrieg aus, der die ersten beiden Schlesischen Kriege in sich begriff.

Am Tage vor seiner Abreise zur Front hielt Friedrich eine berühmte Ansprache an die Offiziere der Berliner Garnison. Er appellierte an deren Tapferkeit und hoffte, sie würden sich dem Ruhm ihrer Vorfahren würdig erweisen. „Wir werden Truppen gegenübertreten, die unter dem Prinzen Eugen die Bewunderung der Welt errungen haben. Die Ehre wird umso größer sein, sich mit tapferen Soldaten zu messen. Leben Sie wohl! Brechen Sie auf zum Rendezvous des Ruhms.“

Diese Rede, am rhetorischen Vorbild der Antike geschult, offenbart einen neuen Politikstil, Rechtfertigung der eigenen Politik und gleichzeitig Appell an Ehre und Loyalität und über die Offiziere, die hier als Multiplikatoren dienten, auch an eine breitere Öffentlichkeit. Der Appell an die Öffentlichkeit erfolgte auch durch gedruckte Manifeste und Rechtfertigungsschriften. In der Beherrschung dieses neuen Politikstils, nicht nur in gedruckten Deduktionen, sondern in der persönlichen öffentlichen Vertretung und Rechtfertigung seiner Politik und später auch seiner militärischen Entscheidungen vor größeren Versammlungen, war Friedrich allen Monarchen seiner Zeit weit voraus.

Über die Legitimität der preußischen Ansprüche auf Schlesien ist viel geschrieben worden. Rechtlich ist der Sachverhalt eindeutig. Um sich der Unterstützung des Kaisers für seine Erbfolge in Brandenburg-Preußen zu sichern, hatte der spätere König Friedrich I. noch als Kurprinz im Jahr 1686 hinter dem Rücken des Großen Kurfürsten einen Vertrag mit Österreich geschlossen. Er sah die Rückgabe des schlesischen Kreises Schwiebus an Österreich vor. Der Kreis war dem Kurfürsten für seine Hilfe gegen Frankreich abgetreten worden. Gleichzeitig verzichtete Friedrich auf die wenig aussichtsreichen Erbansprüche auf die schlesischen Herzogtümer Brieg, Liegnitz und Wohlau. Dafür verhinderte der Kaiser durch seine Intervention, dass der Große Kurfürst seinen Besitz durch Erbteilung auf die Söhne aus seinen beiden Ehen aufteilte. Nach seinem Regierungsantritt erklärte Friedrich I. den Vertrag allerdings einseitig für nichtig. Wenn also überhaupt irgendwelche Ansprüche auf Schlesien bestanden hätten, dann nur auf diese drei kleinen Herzogtümer. Von preußisch gesinnten Historikern ist immer wieder ein moralischer Anspruch auf Schlesien mit der Behauptung konstruiert worden, der Kaiser habe die Hohenzollerischen Erbansprüche auf Jülich und Berg nicht genügend unterstützt.

Wie immer man es auch wendet, die Inbesitznahme Schlesiens bleibt ein Rechtsbruch, neben den Teilungen Polens das „spektakulärste Verbrechen" des 18. Jahrhunderts. Abgesehen von der preußischen Propaganda waren sich alle Zeitgenossen darüber einig. Es wirkt daher unfreiwillig komisch, wenn Friedrich II. sich im Siebenjährigen Krieg über die „kaiserlichen, königlichen und prinzlichen Räuber und diese Schufte von Kaiserinnen" beklagt, die ihm „viel zu schaffen machen". Schon als Kronprinz dachte Friedrich wiederholt über günstige Gebietserwerbungen nach. Schlesien kam in solchen Aufzählungen nie vor. Mochten auch Graf Schwerin und Friedrichs Kriegs- und Außenminister Heinrich Graf von Podewils zur Vorsicht raten, Friedrich nutzte die Gelegenheit, die sich durch den kaiserlichen Tod ergeben hatte. Nicht nur politische und geographische Gründe sprachen für den Erwerb Schlesiens, sondern vor allem auch wirtschaftliche Argumente. Schlesien war eine der wirtschaftlich entwickeltesten Provinzen der Habsburger. Es besaß alles, was Preußen fehlte: Bodenschätze, Manufakturen, Städte, Infrastruktur und eine blühende Landwirtschaft. Durch Schlesien wurde Preußens Macht auf ein neues Fundament gestellt. Zudem waren zwei Drittel der Bevölkerung protestantisch und mit der bisherigen katholischen Herrschaft unzufrieden.

Wenn Friedrich später immer wieder erklärte, er habe sich „gewünscht, ein ruhiges Leben zu führen, das entsprach meinem Geschmack und meiner Neigung. Aber die Götter haben anders über mich verfügt", so verdrängte er, dass es allein seine Entscheidung von 1740 war, welche die Unrast seines späteren Lebens verursachte.

Die Besetzung der militärisch kaum gesicherten Provinz verlief ohne große Schwierigkeiten. Schon im Januar 1741 konnten preußische Truppen erstmals Winterquartiere in Schlesien beziehen. In der Vormoderne fand der Krieg in der Regel nur im Sommer statt, während die Soldaten im Winter in den Wohnungen der Bauern und Bürger einquartiert wurden, die sie versorgen mussten. Im Winter waren die überwiegend unbefestigten Wege und Straßen oft unpassierbar. Der Holzverbrauch wäre ungleich höher gewesen als im Sommer und zu einem großen logistischen Problem geworden. Insofern war Friedrichs Vorgehen auch von der Jahreszeit her völlig unwahrscheinlich und traf die österreichischen Verteidiger gänzlich unerwartet.

Nur in den Festungen Glogau, Brieg und Neiße hielten sich österreichische Besatzungen, die belagert wurden. Den Wunsch des alten Dessauers, am Feldzug teilzunehmen, hatte Friedrich noch selbstbewusst mit den Hinweis abgelehnt, Europa solle nicht denken, er würde mit seinem Hofmeister in den Krieg ziehen.

Am 9. März 1741 eroberte Erbprinz Leopold von Anhalt-Dessau Glogau. Einen Tag später fand die Huldigung statt. Sofort begann Gerhard Cornelius von Wallrave, der sich auch bei den Befestigungsarbeiten in Magdeburg, Stettin und Wesel bewährte, mit dem Ausbau der Festung.

Aufgrund der Missernte im Jahr 1740 und der zerrütteten österreichischen Finanzen glaubten Friedrich und seine Berater nicht, dass Österreich ihm ein größeres Heer entgegenstellen würde. Plötzlich wurde die Situation jedoch sehr ernst. Der österreichische Feldmarschall Wilhelm Reinhard Graf von Neipperg erschien unvermutet mit einem Heer in Schlesien und schnitt Friedrich von seiner Operationsbasis ab. Friedrich schrieb an seinen leitenden Minister Podewils: „Wenn ich durch einen unglücklichen Zufall gefangen werden sollte, befehle ich Ihnen, dass Sie während meiner Abwesenheit meine Befehle nicht beachten, dass Sie meinen Bruder beraten, und dass der Staat sich zu keiner unwürdigen Handlung erniedrigt, um meine Befreiung zu erlangen." Vielzitiert ist sein abschließender Satz: „Ich bin nur König, wenn ich frei bin."

Am 8. April wandte sich Friedrich an seinen Bruder August Wilhelm: „Der Feind ist in Schlesien eingerückt; wir stehen nur eine Viertelmeile auseinander. Der morgige Tag muss also unser Los entscheiden." Friedrich war angesichts der überraschenden Gegenwehr nicht sehr zuversichtlich: „Sollte ich sterben, so vergessen Sie einen Bruder nicht, der Sie allezeit zärtlich liebte. Ich empfehle Ihnen sterbend meine geliebte Mutter, meine Dienerschaft, und mein erstes Bataillon. Gedenken Euer Liebden stets meiner; aber trösten Sie sich über meinen Tod, der Ruhm der preußischen Waffen und die Ehre des Hauses haben mich zum Handeln bewegt, und werden mich bis zum Tode leiten. Euer Liebden sind mein einziger Erbe."

Friedrich täuschte sich. Erst zwei Tage später, am 10. April, kam es bei Mollwitz zur ersten größeren Schlacht. Während des ganzen Tages herrscht dichtes Schneetreiben, kaum zwanzig Schritt Sicht. Friedrich verliert die Übersicht, die preußische Kavallerie flieht, löst sich auf. Friedrich schimpft: „Die Kavallerie ist es nicht wert, dass sie der Teufel hole!" Er selbst ist in Gefahr, Schwerin und Wartensleben beschwören ihn, das Schlachtfeld zu verlassen, um dem Staat den König zu erhalten. Er flieht Richtung Oppeln, das jedoch bereits vom Feind besetzt ist, er wendet sich Nächtens zurück nach Mollwitz und erhält auf dem Weg die Nachricht vom glänzenden Sieg Schwerins, errungen durch die Standhaftigkeit der preußischen Infanterie, die sich auf dem Schlachtfeld bewegte wie auf dem Exerzierplatz unter Friedrich Wilhelm I.

Friedrich berichtete später: „Ich glaubte sie verloren und zog mich zurück. Es war nicht nötig, dass ich auch noch gefangen genommen wurde; welche Demütigung brachte doch dieser erste Schritt auf dem Wege des Ruhms! Und dann hatte ich meine kleine Dose nicht bei mir, die mich so stärkt!" Die erste große Schlacht des Krieges hinterließ bei ihm gemischte Gefühle. „An diesem glücklichen und zugleich unglücklichen Tage", schrieb er aus dem Lager, „haben wir eine große Zahl guter Untertanen verloren. Ich beklage zärtlich einige Freunde, deren Gedächtnis immer in meinem Herzen wohnen wird. Der Schmerz um gefallene Freunde ist der Wermutsbecher, den die Vorsehung allen Kriegstriumphen beigesellt hat, um die übermäßige Freude am Siege herabzumindern. Meine Lage wird bald erfordern, dass ich neuen Gefahren ins Auge sehe." Gefallen war zum Beispiel von der Schulenburg, der enge Vertraute seines Vaters, der während des Kronprinzenkonfliktes zeitweise mit der Beaufsichtigung Friedrichs betraut war. Trotz Differenzen war er noch 1740 von Friedrich zum Generalleutnant befördert worden.

Auf dem Schlachtfeld von Mollwitz wurde nicht nur Schlesien gewonnen, sondern auch das, was Friedrich allein gegen die österreichische Übermacht retten konnte. Am 4. Juni wurde im Breslauer Vertrag ein Bündnis mit Frankreich geschlossen. Auf dem Schachtfeld von Mollwitz wurde der Österreichische Erbfolgekrieg, ein antipragmatischer Krieg, entfesselt. In ganz Europa hallte das Echo von Mollwitz nach. Immer mehr Mächte stürzten sich auf das Erbe Maria Theresias, neben Frankreich, Sachsen und Bayern auch Spanien, welches das Herzogtum Parma beanspruchte. Hätte Österreich bei Mollwitz gewonnen, wäre die Pragmatische Sanktion wohl nicht weiter in Frage gestellt worden. Da Frankreich übermächtig zu werden drohte, trat Großbritannien an die Seite Österreichs. Und da auch in den Kolonien gekämpft wurde, erhielt der Konflikt nun globale Dimensionen.

Friedrich hatte jedoch nicht vor, vom Vasallen Österreichs zur Marionette Frankreichs zu werden und schloss daher am 9. Oktober 1741 in Oberschlesien die Geheimkonvention von Kleinschnellendorf mit Österreich, einen Waffenstillstand, der ihm den Besitz Niederschlesiens zusicherte. Neiße wurde nach einer Scheinbelagerung nach fünfzehn Tagen an Preußen ausgeliefert. Sofort begann man auch hier damit, die Befestigungen zu verbessern. Am 7. November ließ sich Friedrich in Breslau von den schlesischen Ständen huldigen. Durch das geheime Abkommen mit Österreich gewann er Zeit, um neue Kräfte zu sammeln. Insbesondere wurde auch die Kavallerie reformiert und um leichtere, wendigere Abteilungen ergänzt. Eine Armee von 80 000 Mann hatte Friedrich von seinem Vater übernommen. Im Sommer 1742 verfügte er über 140 000 Mann. Insbesondere die Kavallerie war massiv ausgebaut worden. Die Armee hatte an Beweglichkeit gewonnen. Infolge der Konvention von Kleinschnellendorf konnte Maria Theresia ihre einzige Armee aus Schlesien abziehen und Wien vor der Einnahme durch Franzosen und Bayern retten.

Maria Theresia, Martin van Meytens d.J. um 1743

Als Friedrichs ehemalige Verbündete jedoch am 26. November Prag einnahmen und Karl Albrecht sich als König von Böhmen huldigen ließ, trat er erneut in den Kampf gegen Österreich ein, da er befürchtete, bei der Verteilung der böhmischen Beute übergangen zu werden. Zudem hatte Österreich das geheime Übereinkommen mit Friedrich bekannt gemacht, um ihn bei seinen Verbündeten zu diskreditieren. Nun musste Friedrich sie durch Taten von seiner Bündnistreue überzeugen. Preußen und Sachsen besetzen Olmütz, das umgehend verstärkt wurde.

Währenddessen wurde Kurfürst Karl Albrecht von Bayern mit Hilfe französischen Geldes und preußischer Waffen am 24. Januar 1742 zum römisch-deutschen Kaiser gewählt und am 12. Februar als Karl VII. in Frankfurt gekrönt. Maria Theresia erklärte die Wahl für ungültig, da die böhmische Kurstimme ausgeschlossen worden war. Am selben Tag rückten österreichische Truppen in München ein. Friedrich unternahm seinen ersten Winterfeldzug in Mähren.

Am 17. Mai 1742 siegte Friedrich mit 23 500 Preußen bei Chotusitz in Böhmen über 28 000 Österreicher unter Prinz Karl von Lothringen. Dieser Sieg führte unmittelbar zum Frieden von Breslau am 11. Juni und beendete den ersten Schlesischen Krieg mit der Abtretung fast ganz Schlesiens an Preußen. Friedrich begann mit der Arbeit an der „Histoire de mon temps".

Der Österreichische Erbfolgekrieg indes wütete weiter, während sich Preußen erneut stärkte. Bayern, Spanien und Frankreich hofften weiter, das Erbe der Kaisertochter unter sich aufteilen zu können. Am 27. Juni 1743 errang jedoch die sogenannte „Pragmatische Armee", bestehend aus Briten, Hannoveranern und Österreichern, einen wichtigen Sieg über die Franzosen bei Dettingen in der Nähe von Aschaffenburg. Es war die letzte Schlacht, an der mit Georg II. ein britischer Monarch persönlich teilnahm. Infolge der Schlacht zogen sich die Franzosen über den Rhein nach Westen zurück. Georg Friedrich Händel komponierte anlässlich des Sieges das „Dettinger Te Deum".

Am 25. Mai 1744 konnte Friedrich seine Ressourcen durch das Erbe des Fürstentums Ostfriesland verstärken. Auch dieses Territorium war extrem exponiert, hatte keine räumliche Verbindung mit anderen brandenburgischen Provinzen und war im Falle eines Konfliktes schwer zu verteidigen. Aber der Staat der Hohenzollern hatte erstmals an den Gestaden der Nordsee Fuß gefasst.

Der österreichische Feldherr Karl von Lothringen hatte währenddessen mit 70 000 Mann den Rhein überschritten und operierte im französischen Elsass. Friedrich musste fürchten, dass Österreich sich nach einem Sieg über Frankreich erneut gegen ihn wenden würde. Angesichts der Fortschritte Österreichs und Großbritanniens auf dem mitteleuropäischen Kriegsschauplatz entschloss sich Friedrich, erneut in den Krieg gegen Österreich einzutreten. Er schloss am 22. Mai 1744 mit dem Kaiser bzw. Bayern, Kurpfalz und Hessen-Kassel die Frankfurter Union, einen Fürstenbund zur Unterstützung des Kaisers, mit dem Ziel, Kaiser Karl VII. sein Erbland Bayern sowie sein Königreich Böhmen zurückzuerobern. Am 5. Juni 1744 schloss er ein Bündnis mit Frankreich zur Verteidigung der Ansprüche Karls VII.

Im August fiel er in Böhmen ein. In einem offiziellen Manifest gerierte sich Friedrich als Beschützer des Kaisers und Friedensfürst. „Seine Majestät fordern nichts für sich selbst, und es ist all hier von Ihrem eigenen Interesse gar nicht die Frage, sondern sie greifen bloß und lediglich zu den Waffen, um dem deutschen Reich die Freiheit, dem Kaiser die oberste Würde, und ganz Europa den Ruhestand wieder zu Wege zu bringen."

Auch der zweite Schlesische Krieg fand überwiegend in den Ländern Maria Theresias statt. Friedrich überfiel Böhmen und begann am 2. September 1744 mit 80000 Mann die Belagerung von Prag, das von den Österreichern zurückerobert worden war. Hier geriet er zum ersten Mal während seiner Feldzüge in unmittelbare Lebensgefahr. Friedrich stand mit seinen Brüdern August Wilhelm und Heinrich, dem Markgrafen Friedrich Wilhelm von Ansbach und Offizieren auf einer Anhöhe, um Schwerins Angriff zu beobachten, als plötzlich eine aus der Stadt abgefeuerte Kanonenkugel dem Markgrafen den halben Kopf wegriss. Der Markgraf und ein hinter ihm stehender Page des Prinzen Heinrich waren sofort tot. Eichel berichtete Minister Podewils: „Die unendliche Barmherzigkeit Gottes [...] hat es bei diesem Unglück dergestalt dirigieret, dass der fatale Schuss etwas schief gegangen ist, da sonst, wenn er ein wenig gerader gegangen wäre, seine königliche Majestät nebst dero beiden Herren Brüdern dadurch zugleich getötet worden wären." Es muss schockierend gewesen sein, die königlichen Brüder vom Blut und Hirn ihres Verwandten besudelt zu sehen. Friedrich befahl strengstes Stillschweigen über den Vorfall.

Den Geheimen Kabinettsrat August Eichel, der dem leitenden Minister dennoch berichtete, hatte Friedrich von seinem Vater übernommen. Seine umfassende Geschäftskenntnis und enorme Arbeitskraft führten zu einem sehr vertrauten Verhältnis zwischen ihm und Friedrich. Kabinettsräte waren als Organ der persönlichen Regierung des Herrschers deswegen so wichtig, weil Friedrich wie sein Vater selbst mit den Ministern meist schriftlich aus seinem Kabinett heraus verkehrte. Die Kabinettsräte hatten in diesem System das entscheidende Monopol auf die kommunikative Vermittlung zwischen dem Zentrum der politischen Entscheidung, dem Monarchen, und den Spitzen der umsetzenden Administration, den Ministern. Nach Fredersdorfs Tod 1758 galt Eichel als „der einflussreichste Mann in Preußen". Er blieb stets unverheiratet, behielt seine Vertrauensstellung bis zu seinem Tod 1770. Wohl nur er konnte es sich erlauben, sich über den Befehl des Königs hinwegzusetzen und von der Beinahe-Katastrophe vor Prag berichten.

Am 16. September 1744 erobern Friedrichs Truppen zum Erstaunen der Zeitgenossen Prag. Damit begann der Zweite Schlesische Krieg. Unvermutet erschien Herzog Karl, der aus dem Elsass herbeigeeilt war, mit einer Armee auf dem böhmischen Schauplatz. Friedrich musste sich nach Schlesien zurückziehen. Die Österreicher folgten ihm. Friedrich verbrachte den Winter in Berlin, den Oberbefehl in Schlesien hatte der alte Dessauer. Den Franzosen gelang indes die Rückeroberung Bayerns.

Am 8. Januar 1745 schlossen Großbritannien, die Niederlande, die auf Ostfriesland spekulierten, Österreich und Sachsen-Polen eine Quadrupel-Allianz gegen Preußen. Doch plötzlich veränderte der Tod Kaiser Karls VII. mit achtundvierzig Jahren am 20. Januar 1745 in München die Gesamtkonstellation. Die Frankfurter Union hatte ihr Ziel verloren. Karls Sohn verzichtete auf eine Kaiserkandidatur, schloss am 22. April in Füssen einen Separatfrieden mit Österreich und versprach seine Kurstimme für die Wahl von Maria Theresias Gemahl Herzog Franz von Lothringen zum Kaiser.

Die europäische Öffentlichkeit glaubte Friedrichs Sache nun verloren. Friedrich jedoch war nicht gewillt aufzugeben und schrieb am 17. April aus Neiße an Podewils: „Es ist keiner unter uns, der sich nicht lieber das Rückgrat brechen ließe, als einen Fuß breit Erde aufzugeben." Er ziehe es vor,

„mit Ehre unterzugehen, als ein ruhmloses, des Ansehens beraubtes Leben zu führen". „Ich habe keine andere Wahl mehr; ich will meine Macht behaupten, oder sie mag zugrunde gehen und der preußische Name mit mir begraben werden."

Die Befestigungen von Neiße waren aufs Äußerste verstärkt worden. Ganz Oberschlesien war aber der leichten österreichischen Reiterei, den Panduren, überlassen, und zum Entsetzen des französischen Gesandten Valory waren die Gebirgspässe nach Niederschlesien nicht besetzt und gesichert. Friedrich antwortet ihm: „Mon ami, wenn man die Maus fangen will, macht man die Falle nicht zu. Man lässt die Mausefalle offen!"

Dass Friedrich die Panduren, Kroaten, Rumänen, Serben, Ungarn und Deutsche, die lange unter osmanischer Herrschaft gelebt hatten und türkische Militärkleidung trugen, gewähren ließ, wurde viel kritisiert. Die Bevölkerung erschrak über ihr wildes Aussehen und litt unter Gräueltaten und Plünderungen. Es entstand der Eindruck, dass der neue Herrscher Schlesiens seine Einwohner nicht schützen konnte.

Zudem überschritten die Österreicher nun auch mit ihrem regulären Heer die Pässe des Riesengebirges. Am 3. Juni speist Herzog Karl Alexander mit dem sächsischen Oberbefehlshaber, Herzog Johann Adolf von Sachsen-Weißenfels, und Herrn seines Stabes bei Sonnenschein auf einer Anhöhe bei Hohenfriedberg. Friedrich kommentiert die Szene, seine Gegner säßen beim „Galgen von Hohenfriedberg". Durch eine Täuschung, das nächtliche Unterhalten der Feuer im bereits aufgegebenen preußischen Lager, gelang es, dass 65 000 Preußen 71 000 Österreicher und Sachsen am 4. Juni besiegten. Um vier Uhr morgens begann die Schlacht, um elf Uhr war sie vorbei. Valory ist für den Rest seines Lebens von der Exaktheit der Bewegungen der preußischen Truppen beeindruckt. Im Anschluss an die Schlacht soll Friedrich den „Hohenfriedberger Marsch" komponiert haben.

Ein noch größerer Erfolg gelang Friedrich am 30. September bei Soor, südwestlich von Trautenau in Böhmen. 19 000 Preußen siegten über 32 000 Österreicher. Friedrich blieb noch fünf Tage in der Gegend, um sie auszuzehren und so feindlichen Truppen den Aufenthalt oder Durchzug für längere Zeit unmöglich zu machen. Verheerung, Auszehrung des Landes, Entblößung von allem Lebensnotwendigen war eine typisch frühneuzeitliche Form der Grenzsicherung oder Sicherung eines militärischen Rückzuges.

Einen weiteren Sieg erfocht der alte Dessauer. Im Zweiten Schlesischen Krieg führte Leopold von Dessau mit knapp 70 Jahren den brillantesten Feldzug seiner langen Laufbahn. Sein vernichtender Sieg über die unter Feldmarschall Friedrich August Graf Rutowski, einem illegitimen Sohn Augusts des Starken, zum Schutze Dresdens versammelten Sachsen und Österreicher bei Kesseldorf am 15. Dezember 1745 beendete den Krieg. Vor der Schlacht ersuchte er Gott mit einem oft zitierten Gebet um Neutralität: „Lieber Gott, stehe mir heute gnädig bei! Oder willst Du nicht, so hilf wenigstens den Schurken, den Feinden nicht, sondern siehe zu, wie es kommt!" Nach diesem Sieg zog sich der alte Dessauer zurück und verstarb im April 1747 in seiner Residenz Dessau.

So bedenklich Friedrichs Lage zu Beginn des Jahres 1745 war, nun war die Entscheidung zu seinen Gunsten gefallen. Als Folge der Schlacht fiel Dresden am 15. Dezember in die Hände der Preußen. Zehn Tage später wurde hier der Frieden zwischen Preußen, Österreich und Sachsen geschlossen; Schlesien blieb im Besitz Friedrichs. Schon im August hatte er Frieden mit Großbritannien geschlossen, das vom jakobitischen Aufstand unter dem Thronprätendenten der Stuarts Bonnie Prince Charlie erschüttert wurde. Sachsen musste eine hohe Kriegsentschädigung zahlen. Friedrich erkannte Maria Theresias Gemahl Franz I. als Kaiser an.

Friedrichs Verbündeter Frankreich und Valory protestierten. Valory sandte seinen Sekretär, den bezaubernden Darget, um den Protest zu überbringen. Doch es half nichts. Friedrich hatte beschlossen, „dass er sein Land nicht wieder den Launen des Glücks aussetzen wolle, dessen bisherige Beständigkeit erstaunlich genug sei, um nicht einen Umschlag befürchten zu lassen". Bei seinem Einzug in Berlin rief man: „Vivat Friedrich der Große!"

Der Österreichische Erbfolgekrieg allerdings, mit Österreich, Großbritannien und Sardinien auf der einen, Frankreich und Spanien auf der anderen Seite, wurde in Übersee, in Flandern, Deutschland und Italien noch drei Jahre fortgeführt. Er endete 1748 im Frieden von Aachen, indem Friedrich erneut der Besitz Schlesiens bestätigt wurde. Nach acht Jahren Krieg hatte Maria Theresia ihr Erbe bis auf Schlesien behauptet. Ganz Europa war erschöpft, Geld überall knapp.

Für Friedrich und Preußen begannen 1746 zehn Jahre des Friedens, der Reform, des Aufbaus und der Stärkung. Es war keine Zeit zu verlieren. Man wusste nicht, wie lange der Frieden währen würde, wann Österreich das nächste Mal versucht wäre, seine verlorene Provinz Schlesien zurückzufordern.

1747 wurde Sanssouci bezogen. Friedrich arbeitete an seiner Geschichte des Hauses Brandenburg. 1748 wurde mit dem „Codex Fridericianus Marchicus" eine einheitliche Prozessordnung und Gerichtsordnung für alle preußischen Länder eingeführt. Die Unabhängigkeit des Richterstandes gegen gutsherrliche Eingriffe wurde dadurch gestärkt. Dies geschah insbesondere durch die Einführung einheitlicher fester Gehälter. Zuvor lebte das Gerichtspersonal zum großen Teil von Sporteln, das waren Gerichtsgebühren, die sie selbst von den Prozessbeteiligten erhoben. Durch das Sportelsystem kam es zu einer strukturellen Verschleppung der Prozesse. Die Justizreform, 1740 mit dem Verbot der Folter begonnen, war also ein gutes Stück vorangekommen. Nun gab es durchweg drei Instanzen und das Berliner Tribunal war allen Gerichten der verschiedenen Landesteile übergeordnet. Preußen war auf dem Weg zum Rechtsstaat. Die größte Arbeit stand jedoch noch bevor, die Kodifizierung des geltenden Rechts in einem einheitlichen Gesetzbuch. Samuel von Cocceji, seit 1723 Kammergerichtspräsident, 1738 bis 1739 und 1741 bis 1746 preußischer Justizminister und seit 1747 Friedrichs Großkanzler, hatte schon unter Friedrich Wilhelm I. mit dem gewaltigen Werk begonnen. Er starb 1755. Die Justizreform wurde von Casimir von Carmer und Karl Gottlieb Suarez fortgesetzt. Carmer, seit 1751 Regierungsdirektor in Breslau, leitete ab 1779 die Kommission zur Ausarbeitung des Allgemeinen Landrechts für die preußischen Staaten. Suarez, auch er kam aus der schlesischen Justizverwaltung, unterstützte Carmer dabei. Die Hauptschwierigkeit bei dem Unternehmen war die Zusammenfassung und Vereinheitlichung der sehr unterschiedlichen Provinzialrechte; sie durchzog Friedrichs gesamte Regierungszeit. Er sollte die Vollendung des Werkes jedoch nicht mehr erleben. Erst 1794 trat das neue Allgemeine Landrecht für die Preußischen Staaten gegen den Wiederstand konservativer Kreise in Kraft.

In seinem ersten politischen Testament 1752 erwog Friedrich wie schon früher als Kronprinz den Erwerb Kursachsens, des polnischen Westpreußen und schwedisch Pommern. Im Übrigen war das Testament, einer der wichtigsten politischen Texte Friedrichs, wie ein Handbuch für seinen Nachfolger angelegt. Deutlich wird dabei, dass alles unter dem Primat der militärischen Leistungsfähigkeit des Staates steht, auch Manufakturen, Handel und Kanalbau. Vor all den Herrschern seiner Zeit wird ihn der erste Satz seines Testaments, „die erste Bürgerpflicht ist, seinem Vaterlande zu dienen", immer ehren. Er hatte damit einen Anspruch formuliert, ohne den Herrschaft fortan nicht mehr zu legitimieren war.

„Renversement des alliances"

Umkehrung der Bündnisse 1756

Um sich gegen Österreich zu sichern, hatte Friedrich 1748 das Bündnis mit Ludwig XV. von Frankreich erneuert. Es war jedoch ein Bündnis ohne gegenseitige Zuneigung, zu oft hatte Friedrich seine Alliierten in den ersten beiden Schlesischen Kriegen verlassen, man traute ihm in Versailles nicht mehr, und er selbst glaubte, dass Frankreich den Zenit seiner Macht bereits überschritten habe und bei einem neuerlichen Konflikt mit Österreich keine kräftige Hilfe sein würde. Zudem war Frankreich seit 1754 in Indien und Nordamerika in einen blutigen Kolonialkrieg mit Großbritannien um die Vorherrschaft auf den beiden Subkontinenten verstrickt, weswegen dieser Krieg in der englischsprachigen Welt Franzosen- und Indianerkrieg heißt. Der Konflikt dynamisierte die europäische Bündniskonstellation, indem er die übrigen europäischen Mächte zwang, sich im Kampf der Giganten zu verorten. Friedrich musste fürchten, dass er, wenn er an die Seite Frankreichs trat und das mit der englischen Krone verbundene Hannover besetzte, von seinen alten Feinden Sachsen und Österreich angefallen werde, die noch immer auf eine Revanche für 1745 hofften.

Deshalb schloss er am 16. Januar 1756 die Westminster-Konvention ab. Das preußisch-britische Bündnis verpflichtete bei einem Angriff auf einen von ihnen beide Seiten zum Beistand gegen jede fremde Macht, namentlich sollte Preußen Hannover gegen Frankreich verteidigen.

Dieser Schritt Friedrichs führte am 1. Mai 1756 zum ersten Versailler Vertrag, in dem Österreich ein Verteidigungsbündnis mit Frankreich schloss. Damit wurde die fast dreihundert Jahre alte habsburgisch-bourbonische Rivalität überwunden. Dieses Bündnis war der persönliche Triumph des österreichischen Staatskanzlers Wenzel Anton Graf von Kaunitz-Rietberg. Schon 1749 hatte er in einer Denkschrift für Maria Theresia dargelegt, dass sich Schlesien am leichtesten im Bündnis mit Frankreich zurückgewinnen lasse. Auf diese Allianz hat er dann als österreichischer Gesandter in Frankreich und später als Staatskanzler in Wien hingearbeitet. Er wollte eine breite kontinentale Allianz zur Zerschlagung Preußens bilden. Der Konflikt zwischen Großbritannien und Frankreich in der Kolonialpolitik erleichterte nun das Zustandekommen des „Renversement des alliances".

Die zweite Seele des großen Bündnisses war der Graf Heinrich von Brühl, der sächsische und polnische Premierminister. Zwölf Jahre älter als Friedrich, war Brühl, seit 1746 leitender Minister, wesentlich an der Annäherung zwischen Österreich und Frankreich beteiligt, was ihm den glühenden Hass Friedrichs eintrug, der sich in einer Vielzahl preußischer Schmähschriften niederschlug. Das Ziel der Koalition bestand darin, Friedrich wieder auf die Bedeutung eines Markgrafen von Brandenburg zu reduzieren.

„Die Russen sind geschlagen! Frohlockt mit mir!“

Dritter, Siebenjähriger Schlesischer Krieg

Durch seine Spione war Friedrich von den Absichten seiner Feinde informiert. Von der Nachricht über die Kriegsvorbereitungen der Gegner beunruhigt, entschloss sich Friedrich zum Präventivkrieg und marschierte am 29. August 1756 in Sachsen ein. Der dritte Schlesische Krieg, der sieben Jahre währen sollte, war entfesselt. Das Verhältnis der Bevölkerung der gegnerischen Parteien betrug achtzig Millionen gegen vier Millionen Preußen, das der Truppenstärke 300 000 gegen 150 000. Mit überseeischen Schauplätzen in Indien, der Karibik, Nordamerika und auf allen Meeren wurde dieser Krieg zu einem Weltkrieg.

Durch den Überfall auf Sachsen hatte Friedrich den Reichslandfrieden gebrochen. Kaiser Franz I. erreichte am Reichstag in Regensburg die Ächtung des Friedensbrechers, am 17. Januar 1757 beschloss der Reichstag die Reichsexekution gegen Preußen, neben den Truppen der Verbündeten stellte auch das Reich eine Armee gegen Friedrich ins Feld. Am 1. Oktober wendete sich Friedrich gegen den Vormarsch der österreichischen Armee unter Feldmarschall Maximilian Ulysses Reichsgraf von Browne, die den eingeschlossen Sachsen bei Pirna zu Hilfe kommen wollte. Browne und Friedrich waren alte Bekannte. Browne war 1740 der Befehlshaber in Schlesien gewesen, er hatte den Rückzug nach Mähren geleitet. Bei Mollwitz war er damals verwundet worden.

Nun bei Ausbruch des Siebenjährigen Krieges traf Friedrich wieder als erstes auf Browne, und ihr Zusammentreffen endete ähnlich wie 1740. Friedrich schlug ihn bei Lobositz an der Elbe in Böhmen. Daraufhin kapitulierte die sächsische Armee am 16. Oktober bei Pirna, ihr gingen die Vorräte aus. Die einfachen Soldaten wurden in die preußische Armee gesteckt, desertierten aber später massenhaft.

Während des Siebenjährigen Krieges weilte Friedrich nur ein einziges Mal in Berlin, vom 4. bis zum 12. Januar 1757, am 13. Januar befand er sich in Potsdam. Bei diesem Aufenthalt schrieb er die geheime Instruktion für seinen Kabinettsminister, den Grafen Finck von Finckenstein, in der er für den Fall einer Niederlage, seines Todes oder seiner Gefangennahme befahl, dass man sich nicht um seine Person zu sorgen, sondern nur auf das Wohl des Staates zu achten habe.

Das Leben während der Kriegsjahre war auch für den König, der sein eigener Truppenführer war, durch ungeheure Strapazen geprägt. Er, der auch von seinen Gegnern für die Schnelligkeit seiner Märsche bewundert wurde, verbrachte ganze Tage im Sattel, war während der Märsche, der Schlachten, aber auch oft im Zeltlager im Freien den Unbilden der Natur, Hitze, Eiseskälte, Regen, Hagel, Feuchtigkeit und Wind ausgesetzt. In Zeiten ohne Bewegung unterschied sich Friedrichs Alltag im Lager oder im Winterquartier nicht grundsätzlich von seinem Leben in Potsdam in Friedenstagen. Hochdiszipliniert wurde jede Minute genutzt. Aber es gab auch Zeit für persönliche Vorlieben. Während der monatelangen Belagerung von Schweidnitz 1758 stand Friedrich in der Regel morgens um drei Uhr auf, was selbst ihn Überwindung kostete. Der Tag begann regelmäßig mit dem Streit mit dem bedauernswerten Diener, welcher den Auftrag hatte, ihn zu wecken und nicht wieder einschlafen zu lassen. Nach dem Aufstehen frisierte er sich selbst und kleidete sich selbst an, trank eine Tasse Kaffee und las seine Depeschen. Danach spielte er eine Stunde Flöte, zuweilen auch länger, wobei er sich innerlich mit seinen Briefen beschäftigte. Dann kamen die Sekretäre, und er sagte ihnen, was sie schreiben sollten. Die Schreiben waren hauptsächlich militärischen oder außenpolitischen Inhalts. Die zivilen Angelegenheiten des Staats wurden während des Krieges vernachlässigt. „In diesen entscheidenden Augenblicken darf nur das Militärische Gegenstand meiner Aufmerksamkeit sein. Wenn ich so glücklich bin, diesen unglücklichen Krieg zu beenden, so werde ich mich mit allen Verwaltungszweigen beschäftigen, um die Missstände zu beseitigen, die sich dort wohl eingeschlichen haben, sowie die Fehler, die man sicherlich begangen hat, und die Nachlässigkeiten, die ich in Mengen vermute. Aber was soll ich tun? Es bleibt mir nicht Zeit genug, um alles zu betreiben und allem vorzubeugen; bei mir muss alles eilig gehen." Darauf las er seine alten Bücher, neue nur selten, bis zur Stunde der Parade, in welcher er die Parole ausgab. Danach las er wieder bis zum Essen, das Punkt zwölf Uhr serviert wurde. Gewöhnlich speisten einige Generäle bei ihm, während der Belagerung auch der Prälat des Klosters Grüssau, der die Zielscheibe seines Spotts war.

Nach dem Essen spielte er „zur Verdauung auf der Flöte", unterzeichnete Briefe und las erneut bis vier Uhr. Dann erschien de Catt und blieb, bis Friedrich um sechs Uhr ein kleines Konzert gab. Um halb acht war alles vorüber. Nach dem Konzert, das allerdings nur in den Hauptquartieren stattfand, schrieb der König Prosa und Verse, die alsbald Gegenstand der Konversation mit de Catt oder seiner Korrespondenz mit d'Argens oder Voltaire wurden. Um neun Uhr legte er sich schlafen. So ähnlich, berichtete er de Catt, sei auch sein Leben in Potsdam. Während der Ruhephasen in den Winterquartieren schlief er anfänglich bis sechs Uhr. Je näher jedoch die Wiedereröffnung des Feldzuges rückte, um so mehr reduzierte er seinen Schlaf, stand um fünf und zuletzt um vier Uhr auf, um sich wieder an das Leben im Feldlager zu gewöhnen. Die Uniform, die ihm in seiner Jugend als Sterbekittel verhasst war, legte er ab dem Siebenjährigen Krieg nicht mehr ab.

Das Jahr 1757 begann nicht gut für Friedrich, am 11. Januar trat Russland der französisch-österreichisch-sächsischen Allianz bei. Im März folgte Schweden, bald auch Spanien. Am 1. Mai änderten Österreich und Frankreich ihr Defensivbündnis durch den zweiten Versailler Vertrag in eine Offensivallianz mit dem Ziel der Zerschlagung Preußens.

Am 6. Mai siegte Friedrich bei Prag über das Heer Karl Alexanders von Lothringen: ein teurer Sieg, mit 12 500 Gefallenen erkauft. Auch der zweiundsiebzigjährige Generalfeldmarschall Graf Schwerin fiel, Friedrichs alter Mentor, seine Freunde, die Generäle Fouqué und Winterfeldt wurden schwer verwundet. Friedrich berichtete wenig später: „Mir scheint, es geschehen in diesem Kriege recht seltsame Dinge. Niemals ist eine berüchtigtere und blutigere Schlacht geschlagen worden als die, die ich bei Prag geliefert habe. Ich beabsichtige keinen Angriff auf die Österreicher; jedoch der Marschall von Schwerin, ein sehr tapferer und geschickter, aber zu lebhafter Mann, zwang mich einfach, die Feinde in dieser furchtbaren Stellung anzugreifen. Ich war krank während des ganzen Tages; ich gab alles wieder von mir, was ich am Abend zuvor gegessen hatte. Aber ich hatte keine Zeit, ängstlich auf mich zu achten. Wir mussten handeln, und wir handelten gut. Meine Brüder Heinrich und Ferdinand haben wahre Wunder vollbracht. Unser Sieg wäre noch vollständiger gewesen, doch ungangbare Wege hinderten uns an der Verfolgung des Feindes."

Auf der österreichischen Seite war Herzog Karl Alexander von Lothringen wegen eines Asthmaanfalls indisponiert, sein Stellvertreter Feldmarschall Browne wurde tödlich verwundet und starb wenig später in Prag. Weder bei Lobositz noch bei Prag hatte Browne einen Sieg errungen, aber durch die zweimalige Hemmung des preußischen Aufmarsches Zeit für die Organisation der Verteidigung Österreichs gewonnen. Mit seinen verbliebenen 50 000 Männern versuchte Friedrich, Prag einzuschließen und auszuhungern. Herzog Karl Alexander konnte noch einen Boten mit der Nachricht nach Wien schicken, man könne die Stadt nicht länger als bis zum 20. Juni halten.

Friedrichs Triumph währte nur kurze Zeit. Von Osten rückte der österreichische Feldmarschall Leopold Joseph Graf von Daun schnell mit einer Armee zum Entsatz Prags und der in der Stadt gefangenen Reste der Armee des Herzogs von Lothringen an. Dauns Armee war Österreichs letztes Aufgebot. Friedrich wollte Dauns Eintreffen nicht abwarten und zog ihm mit einem Teil der nach dem verlustreichen Sieg verbliebenen preußischen Truppen entgegen. Er fand ihn in einer sehr günstigen Stellung auf den Hügeln von Kolin. Friedrichs Berater rieten dringend von einer Schlacht ab. Man sei zu schwach, die eigene Stellung zu ungünstig, es mangele an Aufklärung. Der Herzog von Braunschweig erklärte einen Angriff mit so geringen Mitteln für unverantwortlich. Man könne Daun in seinen Stellungen blockieren und abwarten, bis sich die Armee in Prag ergebe, und dann über die gesamten eigenen Kräfte verfügen.

Friedrich hoffte jedoch in Kolin an jenem 18. Juni 1757 die Entscheidung des Krieges herbeizwingen zu können. „Ich kann Ihnen versichern, wenn dieser Tag von Kolin meinen Plänen entsprechend verlaufen wäre, so hätte ich eine Schlacht gewonnen, die diesem unheilvollen Krieg zunächst ein Ende gemacht hätte." Er hatte die Absicht, die eine österreichische Armee bei Kolin zu schlagen, die andere in Prag gefangen zu nehmen, Frieden mit Österreich zu schließen und die Franzosen über den Rhein zu treiben. Vor allem wollte er Österreich, den Hauptpfeiler der Koalition, aus dem antifriderizianischen Bündnis herausbrechen, bevor Russland und Schweden aktiv in das Kampfgeschehen eingriffen. „Ich weiß, man hat mich getadelt, dass ich diese Schlacht geschlagen habe, die, wie man meint, nicht nötig war. Das war die Ansicht des Prinzen von [Braunschweig-]Bevern. Aber ich war überzeugt, sie zu gewinnen, und ich hätte sie unfehlbar gewonnen, wenn meine Anordnungen befolgt worden wären und wenn nicht einige meiner Generale den Kopf verloren hätten. Das Schlachtfeld gehörte uns. Eine feindliche Kavallerieschwadron war auch dort, weil der Adjutant, der den Rückzugsbefehl überbringen sollte, getötet worden war. Als diese Schwadron sah, dass man sie nicht behelligte, da ließ sie den Marschall Daun, der sich in Sicherheit gebracht hatte, sagen, die Schlacht wäre gewonnen." 35 000 Preußen waren auf 54 000 Österreicher getroffen, fast 14 000 Preußen blieben auf dem Schlachtfeld.

Angesichts des Ausmaßes der Katastrophe wurden Friedrichs Brüder, die Prinzen Heinrich und Ferdinand, von Tränen übermannt. Kurzfristig wurde ein Treffen der Truppenführer anberaumt, um Anordnungen für den Rückzug zu treffen. Prinz Heinrich herrschte seinen Bruder Ferdinand an: „Weinen ist hier zwecklos; wir müssen zu einem tapferen Entschluss kommen, und es muss etwas getan werden." In diesem Augenblick kam auch Friedrich. Heinrich ging ihm entgegen. Friedrich ergriff seine Hand, drückte sie und sagte: „Ach, mein Bruder", und ging schweigend in sein Zelt. Heinrich folgte ihm; man war sehr bewegt. Heinrich sagte: „Mein Bruder, wir müssen einen Rückzugsplan entwerfen." Friedrich antwortete: „Jetzt bin ich unfähig dazu, aber morgen." Heinrich war entsetzt: „Mein Bruder, die Lage ist sehr ernst; die Zeit drängt; morgen wird es vielleicht schon zu spät sein." Der König antwortete: „Gut, mein Bruder, stellen Sie den Plan auf." – „Hier ist er, Sire!" Friedrich entgegnete ohne weitere Nachfrage: „Er wird zweifellos gut sein." Am nächsten Morgen ließ Heinrich durch seinen Adjutanten fragen, „ob es nicht gut wäre, beim Aufbruch den Marsch zu schlagen und aufmarschieren zu lassen". – „Ja", sagte Friedrich resigniert, „mein Bruder möge tun, was er will; alles wird gut sein."

Nach sechsunddreißig Stunden im Sattel erschien der König mit den Resten seiner demoralisierten Armee wieder vor Prag. Jedem war bewusst, die Belagerung musste aufgehoben werden. Prinz Heinrich beschwor Friedrich, keine Zeit zu verlieren und die Reste der Armee zu retten, bevor Daun erschien. Friedrich beschloss, seinen Bruder Heinrich in Zukunft an allen wichtigen Entscheidungen im Krieg und in der Politik zu beteiligen.

Man musste die Belagerung von Prag abbrechen, Böhmen, Teile Schlesiens und die Lausitz räumen. Das war schlimm, weil man bei den begrenzten eigenen Ressourcen darauf angewiesen war, den Krieg im Feindesland und aus den Mitteln des feindlichen Landes zu führen. In Westdeutschland siegten die Franzosen am 26. Juli unter Marschall Louis-Charles-César Le Tellier, dem späteren Herzog d'Estrées, bei Hastenbeck über die hannoversche Armee unter dem Herzog von Cumberland; in Ostpreußen wurde ein preußisches Heer von den Russen bei Groß-Jägersdorf geschlagen. In Berlin konstatierte Graf Lehndorff: „Unsere Lage ist ganz entsetzlich. In Preußen die Russen, in Pommern die Schweden, im Magdeburgischen die Franzosen, in Schlesien die Österreicher; das ist doch zum verzweifeln!" Wenig später bemerkte er, dass im Hause Schmettau, das Diner auf Steingutgeschirr serviert wurde. Das teure Porzellan war bereits verpackt. Das vornehme Berlin hatte sich auf die Flucht vorbereitet, nur wusste niemand, in welche Richtung man flüchten sollte, da man unsicher war, welcher der vielen Feinde rundherum die Hauptstadt als erstes besetzen würde.

Bei Kolin wandte Friedrich erstmals die schiefe Schlachtordnung an. Er kannte sie aus seinem Studium der antiken Kriege. Seit dem Mittelalter stellten sich die feindlichen Heere normalerweise frontal gegenüber auf und trafen so aufeinander. Mit Hilfe der schiefen Schlachtordnung versuchte man hingegen mit geballter Kraft keilartig an einem bestimmten Punkt in die gegnerische Front einzubrechen und sie von dort aus quasi aufzurollen. Es ist beeindruckend, dass Friedrich diese Taktik, trotz der Katastrophe von Kolin, später erfolgreich wiederholte.

Leopold Joseph Graf von Daun, Philipp Andreas Kilian 1755

Zum ersten Mal war Friedrich bei Kolin auch auf Daun als verantwortlichen Feldherrn auf der Gegenseite getroffen, über den er sich so oft zynisch als angeblichen Inhaber eines vom Papst verliehenen geweihten Hutes und Degens lustig machen wird, der ihn jedoch mehr als einmal an den Rand der Vernichtung führte. Vor allem nannte er ihn immer wieder den großen Zauderer, weil Daun selten zu beherzten Entschlüssen und Aktionen fand. Anders als Friedrich musste Daun sich vor seinen Monarchen verantworten. Er durfte das kostbare Instrument der Armee nicht leichtfertig riskieren. Nach der Schlacht bei Prag, als der Zusammenbruch Österreichs drohte, hatte er jedoch von Maria Theresia einen Freibrief erhalten. Sie schrieb, „dass Sie bei einem glücklichen Ausgang seine großen Verdienste mit allem Dank und Gnaden ansehen, hingegen einen unglücklichen Erfolg ihm nimmermehr zur Last legen werde".

Mentalitätsgeschichtlich war entscheidend, dass Friedrich bei Kolin den Nimbus der Unbesiegbarkeit verlor. Es bleib ihm lebenslang eine unangenehme Erinnerung, „wie man unglücklicherweise an diesem Tage zum ersten Mal erfuhr, dass man nicht unbesieglich war".

Aus Anlass des Sieges, der den Staat rettete, wurde in Österreich der Maria Theresia-Orden geschaffen. Daun war sein erster Träger. Die Lagebeurteilung Friedrichs und der Österreicher deckten sich. Ein preußischer Sieg wäre wahrscheinlich kriegsentscheidend gewesen. Doch Friedrich unternahm den Versuch, geschwächt von seinem Sieg bei Prag, dessen Belagerung er gleichzeitig aufrechterhielt, mit unzureichenden Mitteln.

Karl Alexander von Lothringen und Daun verfolgten die Preußen bis nach Sachsen. In der Oberlausitz beim Dorf Moy, unweit von Görlitz, kam es am 7. September zum nächsten größeren Gefecht. Die Preußen verloren, ihr Anführer, Friedrichs Lieblingsgeneral Hans Karl von Winterfeldt, wurde tödlich verletzt und starb einen Tag später. Er hatte 1740 als Gesandter in St. Petersburg ein österreichisch-russisches Bündnis verhindert, hatte an den wichtigsten Schlachten der ersten beiden Kriege teilgenommen und 1756 als Sondergesandter die Konvention von Westmister ausgehandelt. In Friedenszeiten war er als Generaladjutant immer in Friedrichs nächster Umgebung. Wegen seiner herausgehobenen Stellung war er bei den anderen preußischen Heerführern nicht sehr beliebt. Er galt als Intrigant, Prinz Heinrich hielt ihn für einen Kriegstreiber und fand, dass sein Tod ein „gerechtes Gottesurteil" sei. Durch den Verlust der Schlacht von Moys war die Verbindung zwischen der Lausitz und Niederschlesien unterbrochen. Nun begann der weitere Rückzug, der für Friedrichs Thronfolger August Wilhelm, den Prinzen von Preußen, ein so tragisches Ende nahm.

Während des Rückzuges kam es zum finalen Eklat zwischen Friedrich und August Wilhelm. Friedrich hatte August Wilhelm aufgefordert, die Österreicher anzugreifen, was dieser mit seinen unterlegenen Kräften nicht wagte. Viel zu spät, als der direkte Weg bereits versperrt war, begann August Wilhelm mit seinem Rückzug, wobei er Artillerie und Bagage verlor und nicht mehr verhindern konnte, dass die Österreicher die Magazine in Zittau in Brand schossen. Friedrich war außer sich und suchte die Schuld allein bei dem jüngeren Bruder. Am 18. Juli schrieb er aus Leitmeritz: „Zu meinem Befremden ersah ich aus Ihrem Schreiben vom 16., dass Sie den Abmarsch noch 4 Tage hinausgezögert haben, bevor Sie Zittau zu Hilfe eilten. Sie machen alles verkehrt." Und einen Tag später: „Sie werden stets nur ein kläglicher Heerführer sein. Kommandieren Sie einen Harem, wohlan – aber solange ich lebe, vertraue ich Ihnen keine zehn Mann mehr an. [...] Was ich Ihnen sage, ist hart aber wahr. Sie zwingen mich dazu, indem Sie es dazu bringen, dass die Armee und ich ihren Ruf einbüßen und der Staat zu Grunde geht."

Friedrich musste Leitmeritz räumen. Victor Amadeus Graf Henckel von Donnersmarck bemerkte dazu: „Unser Aufenthalt allhier beruhte nur auf einer Grille und einem falschen point d'honneur, nur um sagen zu können, man habe nach einer verlorenen Schlacht das feindliche Land behauptet." Am 29. Juli trafen sich Friedrich, Heinrich und August Wilhelm in Bautzen. Friedrich würdigte Letzteren keines Blickes. Den Generälen seines Bruders ließ er sagen, sie allesamt verdienten, geköpft zu werden. Seinen Offizieren befahl er, nicht mit den Offizieren seines Bruders zu sprechen, damit sie nicht wie jene zu Feiglingen würden.

Heinrich war schockiert vom Zustand seines seelisch wie körperlich gebrochenen Bruders August Wilhelm. Für den Rest des Krieges litt er unter der Angst, Friedrich könnte sich bei dem geringsten Anlass ähnlich brutal gegen ihn wenden.

Auch aus dem Westen kamen keine guten Neuigkeiten. Nach der Schlacht von Hastenbeck musste sich die hannoversche Observationsarmee unter dem Herzog William Augustus von Cumberland, drittgeborener Sohn Georg II., unter stetiger französischer Verfolgung zurückziehen. Aufgrund dänischer Vermittlung kam es am 10. September zu einem regionalen Waffenstillstand, der Konvention von Kloster Zeven. Die hessischen, braunschweigischen, sachsen-gothaischen und lippischen Hilfstruppen kehrten in ihre Heimat zurück, die hannoverschen Truppen räumten mit Ausnahme der Besatzung der Festung Stade das Gebiet links der Elbe. Die Franzosen unter ihrem neuen Befehlshaber Louis-François-Armand de Vignerot du Plessis, Herzog von

Richelieu, besetzten Hannover, die preußischen Besitzungen am Rhein und in Ostfriesland und pressten sie aus. Der Herzog von Richelieu bekam den Beinamen „petit père de la maraude", Väterchen der Plünderer. Das Hauptkriegsziel der Franzosen auf dem Kontinent war erreicht. England war zeitweise aus dem kontinentalen Krieg ausgeschieden.

Die Lage der Preußen war verzweifelt. Der Krieg schien seinem Ende nahe. Der Triumph der siegreichen Franzosen und Österreicher vollständig. Friedrich musste sich mit seinen geringen Kräften auf die Defensive, die Verteidigung seiner südbrandenburgisch-sächsischen Operationsbasis konzentrieren. Am 16. Oktober gelang es dem österreichischen General Andreas Hadik von Futak, mit einer Husarenabteilung für einen Tag Berlin zu besetzen. Gegen Zahlung von Kontributionen verzichtete er auf Plünderungen und zog sich nach einem Tag wieder zurück. Demoralisierung griff bei den Preußen um sich.

Seit August rückte die Reichsarmee unter dem Reichsgeneralfeldmarschall Herzog Joseph Friedrich von Sachsen-Hildburghausen in Thüringen gegen Sachsen vor, ein französisches Hilfskorps unter Charles de Rohan, prince de Soubise, unterstützte sie. Friedrich eilte aus Schlesien herbei, um das wichtige Sachsen zu retten, wenngleich die Sachsen selbst das anders sehen mochten. Bei Roßbach westlich von Leipzig wurde Friedrich am 5. November 1757, während er mit Prinz Heinrich, Friedrich Wilhelm von Seydlitz und anderen Generälen speiste, unvermittelt vom Erscheinen der deutschen Reichsarmee samt französischen Hilfstruppen überrascht. Seydlitz rannte als erster hinaus und ließ die Kavallerie aufsitzen. Einen Schlachtplan gab es nicht. Der Sieg bei Roßbach war letztlich dem planenden Eingreifen

Prinz Heinrichs zu verdanken. Friedrich war sich dessen bewusst. Nach seinem überwältigenden Sieg bei Leuthen am 5. Dezember 1757, der einer Rückeroberung Schlesiens gleichkam, schrieb er an Heinrich: „Geliebtes Herz! Einen Monat nach Ihrem Sieg bei Roßbach war ich so glücklich, die Österreicher hier genauso behandeln zu können. Ich glaube, wir haben 8000 Gefangene, viele Kanonen und Fahnen erobert. Morgen marschiere ich nach Breslau."

Die strategischen Auswirkungen der Schlacht von Roßbach waren eher gering. Zwar siegten die Preußen, aber die französische Armee hauste weiter in Thüringen und drangsalierte die Bevölkerung. Die Hauptgefahr ging weiter von Österreich aus. Dennoch: 22 000 Mann hatten 41 000 in die Flucht geschlagen. Europa staunte. Roßbach wurde zu einem entscheidenden Moment des Friedrich-Mythos. Durch diesen glänzenden Erfolg gewann der Landfriedensbrecher das Herz auch vieler deutschgesinnter Nichtpreußen. So schildert Goethe, dass er und seine Schwester „Fritzisch" waren, im Gegensatz zu ihrem Vater. Der Grund dafür war, dass viele Deutsche seit dem Dreißigjährigen Krieg immer wieder unter französischen Besatzungen gelitten hatte. Man empfand es als unnatürlich, dass nun der Kaiser mit dem traditionellen Reichsfeind verbündet war. Es wurde hierbei schnell in den Hintergrund gedrängt, dass die Preußen hauptsächlich die Reichsarmee besiegt, die Franzosen nur ein Hilfskorps gestellt hatten.

Erst mit der Schlacht von Roßbach wurde der deutsche Dualismus zwischen Preußen und Österreich auch zu einem mentalen Problem der Deutschen. Zwar war Deutschland seit der Reformation konfessionell gespalten, und es hatte erbitterte Kriege um der Religion wegen gegeben. Aber nach den Verheerungen des Dreißigjährigen Krieges schätzte man die innere Ruhe im Reich. Die Macht des Kaisertums nahm nach dem Westfälischen Frieden rasant zu, war ein Ordnungsfaktor im Reich und organisierte erfolgreich die Abwehr der Türken und Franzosen. Dabei ließ sich sogar, wie bei Goethes Vater, eine spezifisch lutherische Reichs- und Kaisertreue feststellen. Durch den Frieden von 1648 und dessen mächtige Garanten, Frankreich und Schweden, in ihrem konfessionellen Besitzstand gesichert, wollten sich gerade Protestanten nicht den Vorwurf eines mangelnden Patriotismus aussetzen. All dies wurde durch den deutschen Dualismus verändert, der sich ab 1740, aber nach Roßbach plötzlich und heftig, auch in breiten Kreisen artikulierte. In den Gassen der Dörfer und Städte erklang es nach populären Melodien: „Und kommt der große Friederich, und klopft nur auf die Hosen, dann läuft die ganze Reichsarmee, Panduren und Franzosen."

Nun glaubten viele, man müsse sich als Deutscher entscheiden zwischen Österreich oder Preußen. Der Riss ging oft quer durch die Familien, wie Goethe berichtete: „Die unter Verschwägerten gewöhnlichen Misshelligkeiten fanden nun erst eine Form, in der sie sich aussprechen konnten." Teilweise war die Begeisterung sehr auf die heldenhaft empfunden Person Friedrichs ausgerichtet: „Und so war ich denn auch preußisch oder, um richtiger zu reden, fritzisch gesinnt: denn was ging uns Preußen an. Es war die Persönlichkeit des großen Königs, die auf alle Gemüter wirkte." Auch in England war der Hass gegen Frankreich schon traditionell. Dort und in Nordamerika wurden nach dem Sieg von Roßbach sogar Wirtshäuser nach Friedrich benannt. Der Sieg bei Roßbach führte dazu, dass Großbritannien sein kriegerisches Engagement gegen Frankreich auch auf dem europäischen Kontinent wieder aufnahm. Sogar in Paris artikulierte sich nicht nur im Umfeld Voltaires Kritik an der eigenen Regierung vielfach als Begeisterung für Friedrich. Es gab eine breite Abneigung gegen das Bündnis mit dem alten Erzfeind Österreich. Nur Erfolg und Ländergewinn hätte die Opposition gegen das Königtum der Bourbonen zum Schweigen bringen können. Stattdessen gab es aber Misserfolge, höhere Steuern und Staatsverschuldung, langfristig eine Ursache der Französischen Revolution.

Während Friedrich in Sachsen operierte, sollte der Herzog von Braunschweig-Bevern Schlesien sichern. Daun nutzte seine Überlegenheit und belagerte ab dem 14. Oktober Schweidnitz, das sich am 13. November 1757 ergab. Nun richtete Karl Alexander von Lothringen sich gegen das Zentrum der preußischen Macht in Schlesien, Breslau. Ungefähr 80 000 Österreicher trafen auf weniger als 30 000 Preußen. Diese wurden besiegt und teils in Breslau eingeschlossen, teils konnten sie sich zur Festung Glogau zurückziehen. Breslau, dessen Bevölkerung zum großen Teil österreichisch gesinnt war, kapitulierte am 25. November. Die Besatzung erhielt zwar freien Abzug, jedoch desertierten die meisten der gepressten Soldaten. Nur ungefähr 600 Mann erreichten die Festung Glogau. Schlesien, das viele Rekruten für den Krieg stellte und erheblich zu den finanziellen Lasten beitrug, war fast vollständig verloren.

Um zu retten, was noch zu retten war, eilte Friedrich aus Sachsen herbei und vereinigte sich am 2. Dezember mit den Resten der schlesischen Armee. Am 6. Dezember kam es bei Leuthen in Niederschlesien zur Schlacht. In einer Ansprache an seine Generäle im Feldlager von Prachwitz betonte Friedrich kurz vor der Schlacht die überragende Bedeutung der bevorstehenden Operation. Er appellierte an den Mut, die Standhaftigkeit und Vaterlandsliebe seiner Offiziere. Und er erklärte, die Lage sei so verzweifelt, dass es nur die Alternative zwischen Sieg und Tod gebe. Ausdrücklich beschwor er auch das Preußentum seiner Generäle und bot jedem, der den scheinbar aussichtslosen Kampf nicht mitmachen wolle, an, seinen Abschied zu nehmen. Zudem forderte er die Anwesenden auf, allen Offizieren und Soldaten den Inhalt seiner Ansprache bekannt zu machen. Hier zeigt sich wieder der ganz eigene, neue friderizianische Führungsstil, der später durch Napoleon noch perfektioniert wurde. Rhetorik gerät zum Mittel der Politik und der Truppenführung und zwar in Form eines Appells an die Ehre und die Vaterlandsliebe, nicht nur der Offiziere, sondern über sie auch an den Stolz jedes einfachen Soldaten. Geradezu einer innermilitärischen Kommunikationsrevolution entsprach es, dass der König an das Ehrgefühl der einfachen Soldaten appellierte. Wenngleich er ihnen auch mit dem Verlust von Fahnen und Rangabzeichen drohte, so konnten sie sich doch aufgewertet fühlen. Durch den scheinbar unmittelbaren Appell traten sie in eine neue Beziehung zum Monarchen. Die Alternativen, die der König anbot, waren extrem: siegen oder untergehen. Aber gerade dieser extreme Gegensatz verlieh der Ansprache die rhetorische Durchschlagskraft und damit dem möglichen „Tod fürs Vaterland" etwas vermeintlich Erhabenes.

Am 6. Dezember 1757 stießen die Heere aufeinander. Lehndorff hielt fest: „Es ist einer der vollständigsten Siege, die je errungen worden sind. Nachdem er sodann einige Bomben nach Breslau hineingeworfen hat, nimmt er es wieder und macht abermals viel Gefangene. In kurzer Zeit ist in

Schlesien alles wieder gewonnen, was verloren war." 10 000 Österreicher blieben tot zurück, 12 000 wurden gefangen. Noch auf ihrer Flucht erlitten die Österreicher durch den Reitergeneral Ziethen enorme Verluste. Friedrich hatte ihm geschrieben: „Ein Tag der Anstrengung unter diesen Umständen, mein lieber Ziethen bringt uns in der Folge 100 Ruhetage. Nur immer den Feind auf den Fersen bleiben." Die auf dem Schlachtfeld verbliebenen siegreichen, erschöpften preußischen Kämpfer sangen nach ihrem blutigen Tagewerk den Choral „Nun danket alle Gott".

Der numerisch unwahrscheinliche Sieg bei Leuthen, eingerahmt durch diese Ansprache und das spontane Singen des Chorals auf dem Schlachtfeld, aber auch die schnelle propagandistische Publikation dieses Ensembles von Ansprache, gewonnener Schlacht und Choral, machten die Schlacht von Leuthen zu einem Ereignis, das weltweit Beachtung fand und zum Teil des Friedrichmythos wurde. In der Regel reagierte Friedrich wie vor der Schlacht von Zorndorf eher verärgert, wenn seine Truppen Kirchenlieder sangen.

Trotz des Desasters bei Kolin hatte Friedrich wieder auf die schiefe Schlachtordnung gesetzt. Gegen den Hauptfeind Österreich wurde ein bedeutender Erfolg errungen. Schlesien, wirtschaftlich und strategisch von entscheidender Bedeutung, war wieder fast gänzlich preußisch. Der Feind musste sich seine Winterquartiere im eigenen Land suchen. Herzog Karl Alexander von Lothringen, der Bruder des Kaisers, Maria Theresias Schwager, wurde seines Kommandos entsetzt. Friedrich verbrachte den Winter in Breslau, wo sich auch sein neuer Gesellschafter de Catt einfand.

Nach dem Verlassen des Winterquartiers im Mai 1758 rückte er bis Troppau vor und begann am 20. Mai die Belagerung des stark befestigten Olmütz. Die Belagerung musste am 1. Juli abgebrochen werden, weil ein „Geleitzug" von mehr als 3000 Fuhrwerken mit Proviant, Belagerungsgerät, Munition und Geld, nahezu dreißig Kilometer lang und von 18 000 frischen Soldaten begleitet, fast vollständig verloren ging. Was sie sich nicht aneignen konnten, zerstörten die Österreicher am 28. und 30. Juni unter Generalmajor Gideon Ernst Freiherr von Laudon. Friedrich trug seinem Bruder Heinrich am 10. August seinen neuen Feldzugsplan vor: „Ich marschiere morgen gegen die Russen, und da es leicht passieren kann, dass ich getötet werde, setze ich Sie zum uneingeschränkten Tutor meines Neffen ein." Der Neffe war der Prinz von Preußen, Friedrich Wilhelm, der spätere König. Derweil wurden die brandenburgischen Kernländer von einer russischen Invasion bedroht. Dass russische Heer unter Wilhelm von Fermor näherte sich der Oder, es drohte seine Vereinigung mit den Österreichern. Friedrich musste eine der beiden Mächte schlagen, bevor es dazu kam. Er entschied sich für die Russen, deren militärische Fähigkeiten er gering schätzte.

Sie hatten mit der Bombardierung der Oderfestung Küstrin begonnen. Am 25. August 1758 griff Friedrich die Russen mit unterlegenen Kräften bei Zorndorf in der Neumark unweit von Küstrin an. Er siegte, doch der Triumph war so verlustreich, dass auch die Russen das Treffen als Sieg feierten. Fermor wich bis zur Weichsel zurück.

Während der Schlacht riskierte Friedrich sein Leben, stieg vom Pferd, ergriff die Fahne des Infanterieregiments von Bülow und führte die fliehenden Haufen erneut dem Feind entgegen. Lange erschien das russische Fußvolk als unüberwindbar. Die Schlacht schien verloren. Wiederholt befahl

Friedrich seinem Reitergeneral Seydlitz einen entscheidenden Angriff: „Er haftet mit seinem Kopf für die Bataille!" Seydlitz jedoch wartete auf einen günstigen Augenblick. Friedrich erkannte dies nach der Schlacht als richtig an.

Nachdem die Schlacht um den Preis 30000 Gefallener gewonnen war, schrieb Friedrich abends, auf einer Trommel sitzend, Briefe an die Königin und das Ministerium – eine Szene, die durch zeitgenössische Kupferstiche zum festen Bestandteil der Friedrichfolklore wurde. Die Russen zogen sich zunächst nach Osten zurück. Friedrich wandte sich erneut gegen die Österreicher, die nach Westen vorrückten.

Am 10. Oktober 1758 marschierte er während eines dichten Nebels in vier Kolonnen nach Hochkirch. Als der Nebel sich auflöste, erkannte man, dass die feindliche Armee gegenüber lagerte. So errichtete er ein Lager bei Hochkirch zwischen Bautzen und Löbau. Am 13. Oktober fragte er de Catt, was man im Lager über seine Anordnungen denke. „Sire", antwortete dieser, „mit jener Aufrichtigkeit, die er wünschte, man findet, dass die Stellung Ihrer Armee gefährlich ist, dass der Feind Ihr Lager beherrscht und dass das Gelände zur Aufstellung der Truppen in Schlachtordnung nicht geeignet ist."

Dauns und Laudons Angriff in der Nacht zum 14. Oktober war überwältigend. Diesmal waren sie Friedrich zuvorgekommen, der am nächsten Tag die Schlacht anbieten wollte. Bald war alles in Flucht begriffen. Auch de Catt versuchte sich mit Hilfe eines verwundeten Offiziers in Sicherheit zu bringen. „Wir gelangten sogar zur Hauptmacht unserer Truppen, die auf dem Rückzuge waren, und einige Zeit später sah ich voll unbeschreiblichen Schmerzes den König, der im Schritt herankam, auf einem blutüberströmten Pferde, das einen Brustschuss erhalten hatte. Er bestieg ein anderes und eilte fort, der Kavallerie Befehle zu erteilen."

Dass es noch zu einem halbwegs geordneten Rückzug kam, war Ziethen und Seydlitz zu danken. Sie fühlten sich in so exponierter Stellung gegenüber den mit 78 000 Mann mehr als doppelt so straken Österreichern unwohl. Seydlitz meinte, die Österreicher verdienten, gehängt zu werden, wenn sie die günstige Gelegenheit nicht ergriffen. Entgegen Friedrichs Wunsch hatten beide die Pferde ihrer Regimenter nachts gesattelt gelassen. Von den 30 000 Preußen waren ungefähr 9000 gefallen, darunter Friedrichs Freund Generalfeldmarschall James Keith, schottischer Emigrant, der nicht mit dem Pagen aus seiner Kronprinzenzeit identisch war. Keith war einer der wichtigsten Vertrauten Friedrichs, ein Anhänger der entthronten britischen Stuarts, der nach dem Sohn von James II., dem „Old Pretender", benannt worden war. Keith hatte die Einschließung und Belagerung der sächsischen Armee bei Pirna geleitet. Vergeblich hatte er Friedrich davon abzubringen versucht, sein Lager in dem so ungünstig gelegenen Hochkirch zu errichten.

Fürst Moritz von Anhalt-Dessau, einer von Friedrichs draufgängerischsten Heerführern, geriet schwer verwundet in Gefangenschaft. Nach langem Siechtum starb er 1760 an den Folgen seiner Verletzung. Friedrich hatte mit dieser Niederlage die Fähigkeit zur offensiven Kriegsführung verloren, zudem erhielt er die Nachricht vom Tod der geliebten Schwester Wilhelmine. „Meine Schwester, die ich anbetete und die eine Freundin war, wie man keine andere findet, der edle Keith, der mir so notwendig gewesen wäre, beide sind verloren für mich."

Friedrich versuchte, seine verbliebenen Kräfte zu schonen. Es kam ihm entgegen, dass der Feldzug 1759 spät eröffnet wurde. Alle warteten auf die Russen, die sich bei Posen unter Feldmarschall Pjotr Semjonowitsch Saltykow sammelten und sich erst Anfang Juli Richtung Schlesien bewegten. Friedrichs Lage war wenig hoffnungsvoll. Seine Gegner verfügten zusammen über ungefähr 330 000 Mann, denen Friedrich kaum 150 000 entgegenstellen konnte. Davon waren viele sehr jung, minderjährig, unausgebildet; etliche seiner erfahrenen Heerführer und Offiziere waren in den verlustreichen Feldzügen der vergangenen Jahre gefallen. An ihre Stelle traten immer jüngere, oft bürgerliche Offiziere, ohne viel Praxis. Der Feldzugsplan für 1759 war eindeutig: „Wir müssen zuerst die Russen schlagen, sonst kippt der ganze Laden um."

Nach der eher unentschiedenen als gewonnenen Schlacht gegen die Russen bei Zorndorf am 25. August 1758 und einer Reihe weiterer Niederlagen waren weite Teile Preußens wie Ostpreußen von Feinden besetzt. Geld, Männer, Pferde, Ausrüstungen und Munition für die Fortsetzung des Krieges waren immer schwieriger aufzutreiben. Unweit Frankfurts an der Oder drohte erstmals die Vereinigung der beiden mächtigsten Feinde, der Russen und Österreicher. Sollte dies geschehen, wären Berlin und die Kernlande der Monarchie kaum zu verteidigen. Dies versuchte Friedrich unter Aufbietung der letzten Kräfte zu verhindern. Möglicherweise ahnte er die Katastrophe. In den Tagen vor der Schlacht ließ er sich aus Tacitus, Sallust und Cornelius Nepos vorlesen und verbesserte eigene Gedichte. Henri de Catt erklärte er: „Ich brauche diese Ablenkung von den trüben Gedanken, die mich bewegen. Ich sehe, dass die Wolken sich häufen, und ein starkes Unwetter wird bald losbrechen." Fast täglich erging er sich in düsteren Zukunftsahnungen.

Eilig rückte Friedrich aus Schlesien heran, dessen Verteidigung mit unzureichenden Truppen er seinem Bruder Prinz Heinrich überließ. Wie immer in diesem Krieg galt es, den Gegnern nach Möglichkeit vor ihrer Vereinigung eine entscheidende Niederlage beizubringen, um ihrer erdrückenden Übermacht, aber auch der allmählichen Abnutzung der eigenen Kräfte zu entgehen. Zwar konnte er dem kaiserlichen Feldmarschall Daun den Weg nach Norden verlegen. Doch 20 000 Österreichern unter Feldmarschallleutnant Laudon gelang es, die preußische Hauptmacht zu umgehen und zu den Russen zu stoßen.

Schon kurz zuvor hatte Saltykow bei Kay am 23. Juli eine preußische Streitmacht unter dem jungen Generalleutnant Carl Heinrich von Wedell geschlagen. Wedell war erst kurz zuvor dem Grafen Christoph von Dohna, der Friedrich nicht forsch genug war, mit „der Vollmacht eines römischen Diktators" vorgesetzt worden. Als Friedrich die Nachricht von der erneuten Niederlage erfuhr, zeigte er sich bestürzt. Am 28. Juli verabschiedete sich der König beim Aufbruch zur Schlacht von de Catt: „Es ist wahr, meine Lage ist grausam, und ich sehe eigentlich nicht, wie sie sich bessern könnte."

Friedrich vereinigte die Reste von Wedells Korps mit seiner Hauptmacht. So standen bei Kunersdorf 37 000 preußische Infanteristen und 13 000 Reiter gegen 79 000 Russen und Österreicher. Nach der Zählung des Königs war es die dreizehnte Schlacht dieses Krieges.

Da Friedrich II. Staatsoberhaupt, Außenminister, Oberbefehlshaber und Feldherr in einer Person war, konnten auf preußischer Seite Entscheidungen schnell getroffen und umgesetzt werden. Dies hatte enorme Vorteile. Die Feldherren der alliierten Streitkräfte waren hingegen von den Instruktionen ihrer Monarchen und Gremien wie Kriegsräten abhängig und konnten wesentliche Entscheidungen nicht selbstständig treffen. Zudem mussten sie ihre Aktionen koordinieren, was immer wieder zu Eifersüchteleien und Reibereien führte, da man mögliche Siege und Vorteile nicht gerne den Verbündeten überließ. In dieser Konstellation konnte Friedrich II. trotz erheblicher numerischer Unterlegenheit seiner Truppen und Mittel wiederholt durch überraschende und beherzte Aktionen Siege erringen. Darauf hoffte er auch in den verzweifelten Augusttagen des Jahres 1759. Es war ein „Vabanque", wie man damals sagte, ein riskantes Alles-oder-Nichts-Spiel oder, wie Friedrich es nannte, ein „Tanz auf dem Seil". Keiner der Feldherren, die ihm gegenüberstanden, hätte dergleichen wagen können. Doch er, der königliche Feldherr, der roi-connétable, konnte so hoch spielen, wie er wollte, sogar alles auf eine Karte setzen. 1740 bei der Eroberung Schlesiens und auch bei Leuthen im Dezember des letzten Jahres hatte er damit Erfolg gehabt.

Wie schon bei Leuthen, als er eine mehr als doppelt so starke österreichische Armee geschlagen hatte, setzte Friedrich bei Kunersdorf, unweit von Frankfurt an der Oder, auf die schiefe Schlachtordnung. Während der linke Flügel in der Defensive verharrte, sollte der verstärkte rechte Flügel die gegnerischen Linien durchbrechen und die Front aufrollen. Während der Schlacht führte Freiherr von Laudon den Oberbefehl über die alliierten Truppen. Eigentlich hätte Laudon gerne auf der anderen Seite gestanden, aber Friedrich hatte ihm 1742 die Aufnahme in den preußischen Militärdienst verweigert.

Am 12. August 1759 trafen die Heere aufeinander. Der Auftakt der Schlacht war für Friedrich verheißungsvoll. Seit drei Uhr morgens waren die Truppen des Königs in Bewegung. Es gelang ihm, die Gegner zu überraschen und über die Verteilung der eigenen Kräfte zu täuschen. Schnell wurde der strategische Mühlberg mit einer zentralen feindlichen Artilleriestellung eingenommen und der linke Flügel der Russen geschlagen. Friedrich schrieb nach Berlin: „Die Russen sind geschlagen! Frohlockt mit mir!"

Während der Schlacht traf Herr von Bülow, ein fähiger Offizier, Adjutant des Herzogs Ferdinand von Braunschweig, ein, um dem König den Sieg zu melden, den der Herzog am 1. August bei Minden über die Franzosen errungen hatte. Friedrich bat ihn zu bleiben, damit er zusehen und dem Herzog berichten könne, wie er die Russen geschlagen habe.

Um drei Uhr nachmittags waren die Berater des Königs sicher, dass Russen und Österreicher abziehen würden, würde man ihnen eine Gelegenheit dazu einräumen. Es war ein glühend heißer Tag, und auch die kämpfenden Preußen hatten seit zwölf Stunden weder gerastet noch hinreichend Wasser trinken können. Friedrich jedoch wollte den Sieg noch steigern. Übereilung, taktische Fehlentscheidungen, mangelnde Aufklärung und widriges morastiges Gelände führten binnen kurzer Zeit zur Verwandlung des Sieges in die bisher größte Katastrophe des preußischen Heeres. Herr von Bülow wurde verwundet und musste seinem Herzog eine sehr schmerzliche Nachricht überbringen.

20 000 Preußen hatten den Tod gefunden oder waren verwundet – vierzig Prozent des Heeres! Es war die für Preußen blutigste und unglücklichste Schlacht des Siebenjährigen Krieges. Unter den Toten befand sich auch der Dichter Ewald

Christian von Kleist. Der preußische Staat, der sich wie kein anderer auf die Armee gründete, schien vernichtet. Das Heer befand sich in regelloser Flucht. Friedrich verfügte nur noch über 3000 Soldaten.

Ihm wurden im Laufe der Schlacht zwei Pferde unter dem Leib weggeschossen. Eine Kugel prallte an seiner Tabakdose ab. Nur die Kühnheit des Rittmeisters Joachim Bernhard von Prittwitz rettete ihn vor der Gefangennahme durch die Russen. Er fand es „beinahe eine Torheit", dass er noch lebte.

Am Abend der Schlacht ist Friedrich am Boden zerstört. Alles scheint verloren. Er dankt zugunsten seines Neffen Friedrich Wilhelm ab und gibt letzte Anweisungen. So soll Dresden bei der Annäherung überlegener feindlicher Kräfte geräumt werden, um die dortigen Kassen zu retten.

Bei Bekanntwerden der Niederlage brach in Berlin Panik aus. Der Hof und die Spitzen der Verwaltung flüchteten. Lehndorff notierte am nächsten Tag: „Mehr als hundert Kutschen und Gepäckwagen stehen um das Schloss herum und gegen 9 Uhr fahren wir alle ab. Das Volk ist empört und ruft uns Schimpfworte nach."

Das Ansehen Friedrichs, auch im eigenen Lager, war auf einen Tiefpunkt gesunken. Mitte November erkundigte er sich bei de Catt, wie man über die Ereignisse spreche. De Catt berichtete: „Viele Leute sind der Meinung, der König habe sich dazu gedrängt, die Schlacht zu schlagen, er habe den Feind zu sehr in die Enge getrieben, und wenn er sich mit den anfangs erzielten Vorteilen begnügt hätte, so hätte der Feind sich zurückgezogen, und Laudon wäre wahrscheinlich nicht in die Lage gekommen, mit seiner Kavallerie, die noch nicht gelitten hatte, über uns herzufallen."

„Le Miracle de la maison Brandenbourg“

Der Hubertusburger Frieden

„Ich verkündige Ihnen das Mirakel des Hauses Brandenburg. In der Zeit, da der Feind die Oder überschritten hatte und eine zweite Schlacht hätte wagen und den Krieg beendigen können, ist er von Müllrose nach Lieberose marschiert. Ich bin sofort nach Triebatsch marschiert und gestern hierher nach Waldow gekommen, wo ich ihn durch meine Stellung von Lübben abschneide, das ich besetzen ließ. Ich schneide ihn dadurch von dem ganzen Teil der Lausitz ab, der ihm hätte Lebensmittel liefern müssen. Der Hunger wird ihn zwingen, einen Entschluss zu fassen“, schrieb Friedrich am 1. September 1759 an seinen Bruder Heinrich. Seine Abdankung hatte er bereits vier Tage nach der Schlacht von Kunersdorf wieder zurückgenommen, als sich aus den Trümmern seines Heeres wieder 19 000 Mann in seinem Hauptquartier versammelt hatten.

Wie ein Jahr zuvor bei Zorndorf hatten die Russen trotz ihres Sieges bei Kunersdorf große Verluste erlitten und fühlten sich zum weiteren Vorstoß alleine nicht in der Lage; sie wollten auf Dauns Armee warten, um mit ihr gemeinsam auf Berlin zu marschieren. Daun jedoch wurde in Schlesien von Heinrich festgehalten, bis sich die Russen wegen Nachschubschwierigkeiten wieder über die Oder zurückziehen mussten. Das störte die Harmonie zwischen den Alliierten. Der russische Feldherr unterstellte Daun, ihn absichtlich nicht zu verstärken. Saltykow hatte 13 000 Mann verloren und fürchtete, bei einem zügigen Vormarsch seine Versorgungslinien zu überdehnen. An die Zarin schrieb er: „Der König von Preußen pflegt seine Niederlagen teuer zu verkaufen; noch einen solchen Sieg, und ich werde die Nachricht davon mit dem Stabe in der Hand allein zu überbringen haben." Außerdem wäre der eigentliche Profiteur der nun möglichen Auslöschung Preußens Österreich gewesen, das dermaßen zu stärken nicht im Interesse der Zarin lag, weil man auf dem Balkan um die osmanische Beute konkurrierte.

So gewann Friedrich äußerlich seine Contenance zurück. Dennoch, Kunersdorf blieb auch für ihn ein traumatisches Erlebnis. Wochenlang war er so aufgewühlt, dass er nicht schlafen konnte. Erst am 13. November teilte er de Catt mit: „Sie sehen mich wohlauf mein Lieber, weil ich geschlafen habe wie ein König. Seit der erbärmlichen Kunersdorfer Geschichte war mir das nicht geschehen." Die preußischen und österreichischen Hauptarmeen operierten weiter in Sachsen. Unmittelbare Folge der Schlacht war die Aufgabe von Dresden am 4. September, womit eine wichtige Operationsbasis und ein sicherer und stabiler Übergang über die Elbe verloren gingen.

Ende 1759 war der Krieg in Übersee mit der Eroberung Quebecs durch britische Truppen weitgehend entschieden. Friedrich hoffte nun auf einen Frieden mit Frankreich. Man hätte zu einem Verhandlungsfrieden gelangen können. Aber das hätte Gebietsabtretungen bedeutet. Dazu war Friedrich nicht bereit.

Mitte November 1759 berichtet de Catt aus dem königlichen Hauptquartier Wilsdruff westlich von Dresden: Der König „ließ die Armee in den Dörfern unterbringen. Alle, die ich bei meiner Ankunft sah, missbilligten heftig die Entsendung der Truppen nach Maxen." Immer wieder hörte er im Lager die gleiche Ansicht: „Sie werden sehen, Finck ist verloren; es ist unerhört, dass Seine Majestät sich vom Marschall Daun irreführen lässt, weil er die Reichsarmee in die Gegend von Pirna sendet und das unnütze Gepäck und seine Kranken nach Böhmen zurückschickt, darum hält der König diese Maßnahme für Vorbereitungen zum Rückzug und sendet Finck mit zehntausend Mann weg, so dass dieser mit seinen Truppen in Gefangenschaft geraten muss! Der Prinz Heinrich missbilligt das Verhalten seines königlichen Bruders; er hat ihm die ernstlichsten Vorhaltungen gemacht, er hat ihm dargelegt, dass es unvermeidlich sei, dass Finck und sein Korps in die Gewalt des Feindes fallen. Man sagt sogar, das Gespräch sei sehr lebhaft gewesen, und der Prinz habe sich, höchst unzufrieden und zum Verlassen des Heeres entschlossen, zurückgezogen." Fast alle Offiziere waren der Meinung des Prinzen, und de Catt beschloss, dem König davon zu berichten, wenn er ihn wieder nach der Stimmung im Lager fragen würde. Tatsächlich ergab sich eine Gelegenheit. Am 19. November sprach Friedrich seinen Gesellschafter an: „Sie scheinen mir heute recht ernst zu sein?" De Catt antwortete: „Ich bin es wirklich, Sire; oder vielmehr, ich bin traurig, weil man von allen Seiten in mir Befürchtungen wachgerufen hat, für das Korps des General Finck, das in großer Gefahr schweben soll." Friedrich reagierte gelassen: „Wieso in großer Gefahr? Fürchten Sie nichts für ihn! Kennen Sie denn nicht meine Leute, die alles in Schrecken versetzt und die es lieben, auch meine bestüberlegten Schritte zu kritisieren?"

Dann kam das Unglück. Am 20. November 1759 wurde das Korps unter General Finck mit 10 000 Mann bei Maxen durch Daun gefangengenommen. „Da war die Bestürzung allgemein." Als de Catt um kurz vor vier Uhr gerufen wurde, fand er im Vorzimmer des Königs seinen Generaladjutanten von Krusemarck und das gesamte Gefolge sowie zwei Bauern aus der Gegend von Maxen. Er sah die Mienen der Offiziere und rief: „Mein Gott, es ist ein Unglück geschehen! Das Korps ist gefangen genommen worden, und was tut unser teurer König?"

Man antwortete „Er weiß noch nichts, keiner von uns wagt es, ihm diese Unheilsbotschaft zu überbringen." „Aber um des Himmels willen, meine Herren, was tun Sie! In dieser schrecklichen Lage ist jede Verzögerung kostbar für den Feind und schädlich für unsern König! Was kann Ihnen denn geschehen?" – „Aber Sie kennen unsern Herrn nicht!" Es half nichts, man musste es ihm sagen.

Friedrich war erschüttert. „Ach, mein Freund, welcher Schlag! Mein Gott, welcher Schlag! Ist das nur möglich? Sollte ich nach Sachsen gekommen sein, um all mein Unglück hierher mitzubringen? Das ist ein abscheulicher Schlag; ich kann es nicht glauben!"

Er fragte General von Krusemarck: „Aber, mein Lieber, ist es denn möglich? Haben denn meine Generale alle den Kopf verloren? Hätten sie sich nicht rechtzeitig zurückziehen müssen? Hatten sie keine Rückzugswege? Hat denn der Teufel sie alle verblendet? Das ist so entsetzlich, dass ich es noch nicht glauben kann."

Friedrich tobte: „Es ist ein ganz unerhörtes Exempel, dass ein preußisches Korps das Gewehr vor dem Feind niederleget." „Wenn wir unterliegen, müssen wir unseren Untergang auf den Tag des schändlichen Abenteuers von Maxen zurückdatieren", erklärte er noch ein Jahr später.

Die Meinungen im preußischen Lager indes waren einhellig. „,Die Zeit des Glücks ist vorüber', sagte man ziemlich einstimmig: ,wir haben nur noch eine Menge Schicksalsschläge zu erwarten'. Wie vergaß man doch in diesem Augenblicke alle Siege und alle Möglichkeiten, die dem König blieben, die Übel zu heilen, die Verluste und Niederlagen wiedergutzumachen! Als man den König nach der verlorenen Schlacht bei Kunersdorf wiedersah, hörte ich von allen Seiten sagen: ,Wir haben nichts zu fürchten, solange dieser große Mann an unserer Spitze steht; man kann ihn besiegen, aber man kann ihn nicht zu Boden drücken; sein schönes Genie wird immer noch Wege finden, uns zu retten' – und jetzt sah man nur den völligen, wirklichen Untergang." Friedrich war zutiefst deprimiert. „In dem Augenblick, da ich den Feldzug in so glänzender Weise beenden wollte, da ich den Feind Dresden verlassen sehen und seinen Rückzug verderblich gestalten wollte."

„Je mehr ich an diesen Schlag denke, um so weniger vermag ich davon loszukommen. Er ist fast an der gleichen Stelle erfolgt, wo ich die Sachsen gefangen genommen habe." Anfang Dezember notiert Lehndorff in Berlin: „Alle Welt verdammt den General Finck, aber die, welche den Grund der Sache kennen, sagen, dass er genau die Befehle des Königs befolgt hat." Zwei Wochen später, am 3. Dezember 1759, widerfuhr Generalmajor Diericke mit 1500 Infanteriesoldaten das gleiche Verhängnis.

Wider der allgemeinen Erwartung und den Befürchtungen Friedrichs hatte der sogenannte „Finckenfang von Maxen" keine katastrophalen Auswirkungen, außer, dass das Ansehen Dauns stieg und Friedrichs Popularität auf einen Tiefpunkt sang. Die gegnerischen Armeen bezogen bald danach Winterlager in Sachsen unweit von Dresden. Da Friedrich seine Truppen ein Feldlager beziehen ließ, zwang er auch die Österreicher auf feste Winterquartiere zu verzichten.

Im folgenden Jahr wurden die Operationen spät eröffnet. Der Feldzug 1760 begann mit einem Unheil gleicher Art; diesmal brach es über General Heinrich August de la Motte Fouqué herein, Friedrichs Freund aus der Kronprinzenzeit. Er wurde am 23. Juni bei Landeshut in Schlesien mit 12 000 Mann von Laudon überwältigt, der 28 000 Mann zur Verfügung hatte. Damit war fast die gesamte schlesische Armee verloren, die nur noch aus 15 000 Mann bestanden hatte. In der Folge eroberten die Österreicher die Festung Glatz. Besonders die Kavallerie hatte durch diese Verluste gelitten. Friedrich musste den Herzog von Braunschweig bitten, ihm Ersatz zukommen zu lassen. Das schwächte die preußische Präsenz auf dem westdeutschen Kriegsschauplatz.

Zu Beginn des Jahres 1760 war man in Preußen der Ansicht, man müsse, um zu überleben, den Frieden suchen, auch um den Preis Schlesiens. Sogar die Brüder Friedrichs waren dieser Meinung. Friedrich wollte davon nichts wissen. Die kurzfristige Besetzung und Brandschatzung Berlins im Oktober konnte nicht verhindert werden.

Ab 1760 fehlte allen kontinentalen Kriegsparteien das, was Friedrich den „Nerv des Krieges“ nannte: Geld! Deswegen schützte er seine Stellungen, indem er um sie herum breite Landstriche verheerte. „Ich werde bis zum 12. hierbleiben, um alles auszuzehren, was aufzuzehren ist, damit der Feind während des Winters in dieser Gegend keine großen Korps unterbringen kann“, erklärte er am 8. Januar 1759 in der sächsischen Schweiz.

Friedrich finanzierte den Krieg neben den regulären Steuern und den englischen Unterstützungszahlungen hauptsächlich mit Kontributionen, die er aus den besetzten feindlichen Territorien, besonders aus Sachsen, herauspresste. Zudem ließ er minderwertige Münzen mit erbeuteten und gefälschten sächsischen Münzstempeln prägen. Bald wurde auch der Edelmetallgehalt der preußischen Münzen herabgesetzt. Um die Krone nicht mit diesem Makel zu belasten, verpachtete er das Münzregal an jüdische Bankiers. Der bedeutendste dieser Münzpächter war Veitel Heine Ephraim. Er hatte Friedrich schon als Kronprinz Geld geliehen. Nach ihm wurden diese Münzen „Ephraimiten" genannt. Das wurde bald bekannt und hatte negative Folgen für das Wirtschaftsleben. Das Volk spottete über die Kriegsmünzen: „Von außen schön, von innen schlimm. Von außen Friedrich, von innen Ephraim." Aus seinem Gewinn ließ Ephraim das 1766 fertiggestellte Ephraim-Palais im Nikolaiviertel errichten, noch heute eines der schönsten städtischen Rokoko-Palais in Berlin. In den letzten Kriegsjahren, schon bevor Großbritannien infolge eines Regierungswechsels seine Subsidienzahlungen einstellte, musste Friedrich auch die Entlohnung der preußischen Staatsdiener einstellen. Alles, was er irgendwie an Geld aufbringen konnte, wurde für die Armee verwandt.

Vergeblich versuchte er, das Osmanische Reich zum Kriegseintritt gegen Russland oder Österreich und den König von Sardinien zum Kriegseintritt gegen Österreich oder Frankreich zu bewegen. Das Bündnis mit dem Sultan kam zustande, aber es wirkte sich nicht mehr aus.

Der Krieg in Europa hatte sich totgelaufen. Friedrichs Lagebeurteilung war deprimierend. „Ich habe, so gut ich es vermochte, die Regimenter ersetzt, die ich bei Maxen und bei der Dierickeschen Angelegenheit verloren habe. Aber was für Regimenter, mein Lieber! Sie sind nur Aushängeware! Ich habe sowohl sächsische Bauern als auch Fahnenflüchtige nehmen müssen, und dazu, was ich an Offizieren habe finden können."

Trotz des preußischen Sieges bei Liegnitz in Schlesien am 15. August 1760 blieb die Lage unverändert verzweifelt. Bei Liegnitz hatte Friedrich Laudon geschlagen und die Einschließung seiner Truppen verhindert. Er konnte sich mit der Armee des Prinzen Heinrich vereinigen und Teile Schlesiens zurückgewinnen. Dauns Absicht, den Krieg durch einen Vernichtungsschlag zu beenden, war gescheitert. Wieder war es Friedrich gelungen, sein Gegenüber durch brennende Feuer in einem bereits verlassenen Lager zu täuschen. Er operierte weiter in Schlesien, bis ihn der russisch-österreichische Angriff auf Berlin im September zwang, der Hauptstadt zu Hilfe zu eilen. Der Sieg von Liegnitz war vor allem moralisch wichtig. Es war der erste wirkliche Erfolg Friedrichs seit Hochkirch 1758.

Noch entscheidender wurde der preußische Sieg bei Torgau am 3. November, die letzte große Schlacht des Krieges. Weite Teile Sachsens waren von der Reichsarmee besetzt, und Daun versuchte, sich mit ihr zu vereinigen. Sachsen war aber die Drehscheibe des preußischen Nachschubes, unentbehrlich für die Finanzierung des Krieges und für die bald zu beziehenden Winterquartiere. Daun wurde am Fuß verwundet. Friedrich erlitt einen Streifschuss an der Brust, der jedoch ohne ernste Folgen blieb. Fast hätte ihn hier also der so oft herbeigesehnte Tod im Kampf ereilt. Diesmal hatte Daun voreilig eine Siegesmeldung nach Wien geschickt. Danach sah es um 17 Uhr bei Einbruch der Dunkelheit aus. Nach einem dritten verlustreichen Angriff zogen sich die Preußen ungeordnet zurück. Daun ließ sich zum Verbinden nach Torgau bringen. Der Lärm der Waffen war verstummt. Doch im Schutz der Dunkelheit stürmten die Preußen unter Ziethen die befestigten Süptitzer Höhen. Die schon siegestrunkenen Österreicher flüchteten. Es war der bitterste Moment in Dauns Feldherrnkarriere.

Im Sommer 1761 bezog Friedrich das uneinnehmbare Lager von Buzelwitz in Niederschlesien. Österreicher und Russen belagerten ihn mit 135 0000 Mann, mussten die Belagerung jedoch am 10. September aufgeben, weil die Ernährung einer so großen Armee in dieser Gegend nicht mehr sichergestellt werden konnte. Sie ließen 20 0000 Mann zur Beobachtung zurück. Der Krieg war zum Stellungskrieg erstarrt.

Friedrich fand kein Mittel, Marschall Daun in eine Schlacht zu verwickeln. Der hatte sich seinerseits unangreifbar auf den Bergen festgesetzt. In dieser festgefahrenen Situation drohte Preußen als erstes der Zusammenbruch infolge gänzlicher Erschöpfung. Da ereignete sich ein zweites Mirakel des Hauses Brandenburg. Am 5. Januar 1762 starb Friedrichs erbitterte Gegnerin, die Zarin Elisabeth. Man hatte schon gehört, dass sie im Sterben liege. Doch Friedrich traute den Nachrichten nicht. Er schloss sogar eine Wette mit de Catt ab, dass die Zarin überleben werde, war dann aber doch beglückt, in diesem Fall verloren zu haben. Ihr Nachfolger, Peter III., war ein glühender Verehrer des preußischen Königs. Friedrich konnte es kaum fassen. „Ich hege immer noch Befürchtungen", sagte er zu de Catt. „Wer weiß, was dieser Fürst tun wird, den ich geliebt habe, und ob er es mir vergelten wird. Der Thron verändert häufig die Ansichten." Das wusste der Verfasser des „Antimachiavell" aus eigener Erfahrung. Doch Peter III. schloss nicht nur Frieden, sondern sogar ein Bündnis mit Preußen und überließ Friedrich ein Hilfskorps von 20 000 Mann. Dadurch veranlasst erfolgte am 22. Mai der Friedensschluss zwischen Preußen und Schweden.

In Berlin ist man berauscht vom unverhofften Glück. Lehndorff schreibt im April: „Wir sind immer noch mitten in der Freude über die glückliche Wendung, welche die Dinge für uns genommen haben. Wenn ich daran denke, wie im November alles verloren schien, wie die Russen vor den Toren Berlins und die Österreicher vor Breslau standen, während jetzt unser Gesandter in Petersburg das Entzücken des Kaisers bildet und man an diesem Hofe nur auf den König von Preußen schwört, da muss ich ausrufen: Gott allein ist wirklich groß!"

Bald aber schien es, als sollte sich dieser Segen in ein Unglück verkehren. Mitte Juli 1762 wurde Zar Peter gestürzt und ermordet. Seine Nachfolgerin, Katharina II., kündigte das Bündnis auf und rief ihre Truppen zurück. Es gelang Friedrich jedoch, wahrscheinlich durch Bestechung, General Graf Sachar von Tschernyschew zu bewegen, noch wenige Tage zu bleiben. So waren die Österreicher gezwungen, ihn mit hinreichenden Truppen zu beobachten. Dies half Friedrich bei Burkersdorf, südlich von Schweidnitz, am 21. Juli einen weiteren Sieg über Daun zu erringen. Mit Schweidnitz fiel ganz Schlesien, außer der Grafschaft Glatz, in seine Hände.

Aber das Ungleichgewicht zu Ungunsten Friedrichs blieb dramatisch. Seine Lage wurde immer verzweifelter. Daraus leitete er die „Notwendigkeit" ab, unter diesen unglücklichen Umständen oft gegen die Regeln zu handeln, die er eigentlich für gut befand, sei es, um sich aus einer gefährlichen Lage zu befreien, sei es, um sich gegen einen Feind zu wehren, den er vor sich hatte, damit er einem anderen, der ihn bedrohte, entgegenzueilen vermochte. Er musste oft mit einer Schnelligkeit und einer Kühnheit handeln, wie sie Vorsicht und die Klugheit nicht zulassen.

Die Generäle des Königs haben Angst, dass er mit seinen geringen Kräften doch noch eine Entscheidungsschlacht erzwingen werde. Kriegsmüdigkeit und Erschöpfung sind allgemein. Immer wieder muss de Catt schildern, wie die Stimmung unter den Offizieren ist. De Catt berichtet wahrheitsgemäß, man fürchte, dass die Erfolge durch eine unglückliche Schlacht wieder verloren gehen könnten: „Wenn der König wenig erhoffte, geht es gut, leider überschätzt er sich allzu häufig, während er gleichzeitig die Feinde unterschätzt."

In der letzten Schlacht des Krieges, bei Freiberg in Sachsen am 29. Oktober, schlug Prinz Heinrich schließlich neben österreichischen Truppen die Reichsarmee. Die Österreicher und die Reichstruppen mussten Sachsen bis auf Dresden räumen. Nach diesem weiteren Misserfolg war auch Maria Theresia bereit zu verhandeln. Und Friedrich hatte hierfür mit Sachsen ein gutes Unterpfand. Am 24. November wurde zwischen Preußen und Österreich ein Waffenstillstand geschlossen. Der sächsische Kurprinz Friedrich Christian begab sich in Friedrichs Hauptquartier nach Meißen, um im Auftrage Sachsen-Polens und Österreichs Friedensverhandlungen anzubahnen.

Die Schlesischen Kriege waren wie kaum eine militärische Auseinandersetzung zuvor von der Öffentlichkeitsarbeit der verschiedenen Parteien begleitet. Schon den Überfall auf

Schlesien 1740 ließ Friedrich durch Dutzende von Staatsschriften öffentlich rechtfertigen. Weit mehr Schriften verteidigten den Überfall auf Sachsen 1756 oder klagten ihn an. Während des Siebenjährigen Krieges unterhielten sowohl Friedrich wie auch Kaunitz ganze Abteilungen, die nichts anderes machten, als immer neue Informations- oder Desinformationskampagnen zu starten. Friedrich selbst äußerte über seine Feinde: „Wenn sie sich höchlichst bemühen, mir den größten Schaden zuzufügen, so werde ich meinerseits mich nicht nur meines Heeres, sondern auch meiner Feder und meiner Tinte bedienen, um ihnen Pfeile zuzuschleudern, die ihnen Kummer bereiten und sie zur Verzweiflung bringen." Er fand dabei für seine Widersacher Ludwig XV., Maria Theresia und Elisabeth von Russland wenig schmeichelhafte Benennungen.

Im Zusammenhang mit den Niederlagen in Kolin und Maxen bedauerte Friedrich ausdrücklich die negativen Auswirkungen auf die „öffentliche Meinung". In dieser Propagandaschlacht ließ Friedrich auch ältere antiösterreichische Schriften neu herausgeben. Die ständig zunehmende, von den Regierungen veranlasste politische Publizistik zeigt, dass auch im Zeitalter des Absolutismus Politik nicht ohne öffentliche Rechtfertigung funktionierte.

Mit der Schlacht von Freiberg war der Krieg im eigentlichen Sinne erschöpft, und auch der Krieg der Federn und bedruckten Blätter kam zu einem Ende. Aber jene, die dieses gewaltige Ringen, das Drama vom unabwendbaren Untergang und unverhoffter Rettung miterlebt hatten, beschäftigte es weiter. Und so führte der Siebenjährige Krieg und das Leben dieses einzigartigen Königs in Deutschland zu einer ersten Blüte von Memoiren, einer Literaturgattung, die sich in Frankreich schon seit dem 17. Jahrhundert großer Popularität erfreute.

Das Wunder war die eine Sache, hauptsächlich aber endete der Krieg doch infolge der allgemeinen Erschöpfung, wie Friedrich schon im dritten Kriegsjahr voraussagte. „Ach, nicht der Geist der Menschlichkeit wird uns dazu veranlassen, diesen Frieden zu schließen, sondern der Goldmangel wird es tun. Man wird sich solange den Hals abschneiden, bis dieses gemeine Metall ausgetilgt ist." Auch Österreich war am Ende seiner Kräfte, verlassen von seinen Verbündeten Russland, Schweden und Frankreich, welches bereits für sich und Spanien einen Frieden mit Großbritannien und Portugal geschlossen hatte. Kanada und Indien, Teile der Karibik, Senegal und Gambia und viele kleinere Überseebesitzungen wurden britisch. Der Reichstag in Regensburg hatte schon Ende 1762 das Reich für neutral erklärt.

Der Krieg endete am 15. Februar 1763 mit dem Frieden von Hubertusburg ohne Sieger und Besiegte. Fast alle preußischen Besitzungen, aber auch Böhmen, Sachsen und Teile Westdeutschlands waren verwüstet. 400 000 Menschen hatten ihr Leben verloren, in Friedrichs Staat jeder zehnte Einwohner, die meisten infolge von sekundären Kriegsfolgen wie Seuchen.

Der Hubertusburger Frieden bestätigte die Existenz von zwei deutschen Großmächten innerhalb des Reiches. Der 1740 aufgebrochene, nun gefestigte deutschen Dualismus wird die Geschichte Mitteleuropas über hundert Jahre prägen. Die Eigenstaatlichkeit Österreichs erinnert noch heute daran. Preußen und Österreich wurden zwar durch den Frieden nicht gleichberechtigt, doch die Existenz einer zweiten deutschen Großmacht schmälerte die hierarchische Stellung des Kaisers. Das Reich hatte den Kampf seiner Glieder überstanden. Friedrich wurde sogar gezwungen, als Gegenleistung für den Erhalt seiner territorialen Integrität seine Kurfürstenstimme für die Wahl von Maria Theresias und Kaiser Franz I. Sohn Joseph zum künftigen Kaiser zuzusichern. Die Wahl sollte unmittelbar nach Friedensschluss erfolgen. Sie fand am 27. März 1764 statt. Es war das erste Mal seit 1690, als Joseph I. zum Nachfolger seines Vaters Kaiser Leopold I. gewählt wurde, dass die Nachfolge an der Reichsspitze noch zu Lebzeiten eines Kaisers geregelt werden konnte. Seit Joseph I. war immer erst nach dem Tod des Kaisers im sogenannten Interregnum gewählt worden. Durch die frühzeitige Regelung der Nachfolge im Kaiseramt wurde das Reich auf Jahrzehnte stabilisiert. Kriegerische Konflikte zwischen Reichsgliedern kamen, abgesehen vom Bayerischen Erbfolgekrieg, bis zum Untergang des Reiches 1806 nicht mehr vor.

Erstmals fand sich in einem Friedensvertrag ein Artikel über die Entlassung zwangsrekrutierter fremder Untertanen aus dem Armeedienst. Österreich musste die während des Krieges aus Berlin entführten preußischen Archive zurückgeben.

Während der Verhandlungen wurde am heftigsten um den Besitz von Glatz, einer wichtigen Festung an der schlesisch-böhmischen Grenze, gerungen, die noch von Österreich gehalten wurde. Um des Friedens willen musste Maria Theresia auf Glatz verzichten. Man einigte sich auf den Besitzstand, wie er 1748 im Frieden von Aachen festgestellt worden war. Zum dritten Mal nach den Friedensschlüssen von Berlin 1742 und Dresden 1745 wurde Friedrich der Besitz Schlesiens und der böhmischen Grafschaft Glatz bestätigt.

Der Krieg hatte offenbart: Friedrich war als Feldherr keineswegs unfehlbar. Von den sechzehn Schlachten, die er im Siebenjährigen Krieg schlug, gewann er, Zorndorf eingerechnet, nur acht. Das größte Wunder war jedoch, dass er sich bei der ungeheuren materiellen Überlegenheit seiner Feinde, die ihn von allen Seiten umschlossen, behauptet hat. In seiner „Geschichte des Siebenjährigen Krieges" schrieb Friedrich: „Wer konnte voraussehen oder sich denken, dass Preußen dem Angriff jenes furchtbaren Bündnisses von Österreich, Russland, Frankreich, Schweden und dem ganzen Römischen Reiche widerstehen und aus einem Kriege, wo ihm überall Untergang drohte, ohne den geringsten Verlust an Besitzungen hervorgehen würde? Wer konnte ahnen, dass Frankreich mit seinen gewaltigen Hilfsmitteln, seinen starken Bündnissen, seiner inneren Kraft seine wichtigsten Besitzungen in Ostindien verlieren und das Opfer des Krieges sein würde? Alle diese Ereignisse mussten im Jahre 1757 unglaublich erscheinen." Friedrich machte sich keinerlei Illusionen über die Ursachen seiner und seines Staates Fortexistenz. „Wenn ich der völligen Vernichtung entging, so muss ich es hauptsächlich dem Ungeschick meiner Feinde zuschreiben." Der Herrscher über ein kleines zerrissenes Land mit vier Millionen Einwohnern hatte sich gegen die mächtigsten Monarchen des Kontinents behauptet, die zusammen über achtzig Millionen Untertanen herrschten. Durch dieses Durchhalten, hauptsächlich durch Willenskraft, vielleicht durch realitätsnegierenden Starrsinn, wurde Friedrich selbst zum eigentlichen Wunder des Hauses Brandenburg.

„Ach, zum Teufel, das ist ein schöner Ruhm"

Wiederaufbau – neue Provinzen im Frieden

In der Rückschau auf den Siebenjährigen Krieg, auf die Unzahl der Toten, mit Blick auf das verheerte Land und selbst im Leid erprobt, fühlte Friedrich schmerzlich seine Verantwortung. Jetzt wurde das Pflichtgefühl zur vorrangigen Triebfeder seines Handelns. Buße verdrängte Hochmut und Ruhmgier. Das klang schon früher gelegentlich an. So während der Belagerung von Olmütz: „Wie mühsam ist es doch, einen Menschen aufzuziehen, und welchen Aufwand macht man dann, um ihn wieder zu vernichten!"

In seinen letzten Feldzügen war Friedrich vom eigenen Tun nur noch angeekelt. Und da die Art der Kriegsführung sich seit 1740 immer mehr radikalisiert hatte, erschrak er vor dem Gedanken, dass diese Entwicklung auch künftig anhalten würde. Immer häufiger klagte er, dass der Krieg eine sehr grausame Angelegenheit sei. Er bedauerte die armen Soldaten, die während der Ausbildung mehr Schläge als Brot bekämen und die, wenn sie Schlachten, Märsche, Lazarette und Seuchen überlebten, sich zur Ruhe setzten, die meisten mit Schrammen und nach dem Verlust einiger Glieder, ein karges Auskommen hätten. „Der Bauer leidet noch viel mehr; man gibt ihn dem Untergange preis." Er gab zu, dass es seine Halsstarrigkeit und die Maria Theresias sei, die „viele Menschen unglücklich" mache. Es habe bislang wenige Kriege gegeben, „die so unheilvoll" waren.

Es ist schwer zu sagen, ob Friedrich mehr das Leid grämte,

das sein Krieg den Bewohnern des Landes oder das er ihm selbst zufügte. „Ach, zum Teufel, das ist ein schöner Ruhm: Brennende Dörfer, eingeäscherte Städte, Tausende von unglücklichen Menschen, so viele Metzeleien und Schrecknisse aller Art, das eigene Ende schließlich – sprechen wir nicht mehr davon; die Haare stehen mir zu Berge! Nach Potsdam, nach Potsdam! Das brauche ich, um glücklich zu sein!"

Weit mehr als Berlin liebte Friedrich Potsdam. Zu seines Vaters Zeiten war es nach seinen Worten, „ein elendes Nest; wenn er jetzt wiederkäme, würde er seine Stadt sicherlich nicht wiedererkennen, so habe ich sie verschönert. Ich habe die Pläne der schönsten Bauwerke Europas, insbesondere Italiens, ausgewählt und lasse sie im Kleinen und meinen Mitteln entsprechend ausführen." „Ich gestehe, dass ich gern baue und schmücke, aber ich tue es von meinen Ersparnissen, und der Staat braucht nicht darunter zu leiden. Wenn ich bauen lasse, beschäftige ich die Menschen, und das ist im Staate von großer Bedeutung; nichts ist verhängnisvoller, als Müßiggang mit anzusehen und unnütze Wesen zu ernähren."

Berlin, Potsdam und vor allem Sanssouci wurden in den sieben schrecklichen Jahren des Krieges zu Orten der Sehnsucht nach einer glücklicheren Vergangenheit. Schon bald fürchtete Friedrich, sie nie wiederzusehen. Die Vorsehung, wie Friedrich sagen würde, meinte es besser, und sein geliebtes Sanssouci wurde nach dem Hubertusburger Frieden zu seinem gewöhnlichen Aufenthaltsort. Aber die alten Freunde waren tot. Der berühmteste Monarch des ganzen Abendlandes lebte nun dort, wo er einst glücklich war, in schmerzlicher Einsamkeit.

Einsam war er in dem Refugium, das er nicht aus Mitteln

des Staates, sondern aus eigenen geschaffen hatte. Zum ersten Mal erfolgte in den persönlichen Testamenten Friedrichs vom 11. Januar 1752 und 8. Januar 1769 eine Trennung zwischen dem persönlichen Vermögen des Herrschers und dem des Staates. Das war ungewöhnlich, weil die Herrscher gemäß den patriarchalischen Auffassungen der Zeit das Gut ihrer Untertanen wie ihr eigenes betrachteten. „Die Staatseinkünfte habe ich stets als die Bundeslade betrachtet, die keine profane Hand anzutasten wagte. Die öffentlichen Einkünfte sind nie für meine eigenen Bedürfnisse benutzt worden. Meine Verwaltung lässt mir also ein ruhiges Gewissen; ich könnte der Öffentlichkeit ohne Scheu Rechnung darüber ablegen." Das war 27 Jahre, bevor genau an dieser Frage der Publikation des Staatshaushalts sich die Französische Revolution entzündete.

Am Ende des Testaments von 1759 heißt es: „Bis zum letzten Atemzug werden meine Wünsche dem Glück dieses Staates gelten. Möge er stets mit Gerechtigkeit, Weisheit und Stärke regiert werden. Möge er durch die Milde der Gesetze der glücklichste, finanziell der bestverwaltete und durch ein Heer, das nur nach Ehre und edlem Ruhme strebt, der am tapfersten verteidigte sein. Möge er blühen bis an das Ende der Zeiten!"

Nun war er wieder in Sanssouci, dem Sehnsuchtsort der bitteren Kriegsjahre. Goethe, der am 20. Mai 1778 auf der Durchreise in Potsdam war, vermerkte nach der Besichtigung Sanssoucis in einem Brief: „Es sind mir tausend Lichter aufgegangen. Und dem Alten Fritz bin ich recht nah geworden, da hab ich sein Wesen gesehen, sein Gold, Silber, Marmor, Affen, Papageien und zerrissene Vorhänge und hab über den großen Menschen seine eigenen Lumpenhunde räsonieren hören." Der letzte Satz illustriert, dass Friedrich zwar schon in einer breiteren Öffentlichkeit zur Kultfigur geworden war, aber dennoch in seiner näheren Umwelt nicht unbedingt beliebt war.

Kriegsmüde widmet sich der im Krieg gealterte Herrscher, der „Alte Fritz", wie Goethe ihn schon nannte, dem Werk des Wiederaufbaus. Aus den Magazinen des Heeres und staatlichen Depots wird Getreide als Saatgut an die Bauern verteilt. Der Krieg hatte nicht nur Hunderttausende von Menschenleben gefordert, auch eine Unzahl von Pferden war auf den Schlachtfeldern verendet. Es herrschte ein großer Mangel an Zugtieren. Friedrich lässt Kavalleriepferde zum Pflügen an die Bauern verteilen. Er wirbt Siedler an, um die verwaisten und niedergebrannten Dörfer wieder zu bevölkern. Von einer seiner Inspektionsreisen schreibt er an Voltaire, er habe über sechzig neue Dörfer anlegen lassen. Die schlechten Münzen werden eingezogen und durch vollwertige ersetzt. Die Währungsumstellung trifft aber zunächst auf wenig Vertrauen, wie Lehndorff im Juni 1764 in Berlin beobachtet. „Die Zeiten des guten Geldes sind zurückgekehrt. Es wird indes noch eine geraume Weile dauern, bis das Volk sich daran gewöhnt hat, die Preise um die Hälfte zu verringern. Jetzt herrscht noch ein schrecklicher Wirrwarr. Die Bauern wollen nichts auf den Markt bringen, und wir erleben hier mitten im Frieden eine Art Hungersnot." Derweil wird in Berlin der erste Biergarten eröffnet. „Ein hiesiger Bürger namens Corsica, der den Garten des Bankrotteurs Oemcken gekauft hat, gibt darin jedem, der hinkommt, Abendtisch, und zwar sehr sauber in Geschirr und Porzellan. Die ganze vornehme Welt kommt hin, und die reichen Bürger ebenfalls. Dieser Garten mit den mehr als 50 gedeckten Tischchen, an denen jeder mit seiner Gesellschaft vergnügt zu Abend speist, macht auf den Besucher einen sehr netten Eindruck. Die fremden Gesandten kommen öfters hin."

Der Krieg hatte die ständische Welt Preußens durcheinander gebracht. Die Bauern und der Adel waren verarmt, wie Major von Tellheim in Lessings „Minna von Barnhelm". Bürgerliche, Manufakturbesitzer, überhaupt Heereslieferanten und Bankiers waren zu unermesslichem Reichtum gekommen. Lehndorff berichtet: „Die Teuerung ist schrecklich, und trotzdem halten manche Leute noch ein offenes Haus, wogegen andere aber auch wieder in großer Not sind. Bei der Bürgerschaft hingegen liegen die Dinge ganz anders; diese ist wohlhabend und lebt in großem Prunk, vor allen die Juden, die Paläste bauen und prachtvolle Gärten anlegen."

Bei all der Mühsal hätte der Besuch d'Alemberts, des bedeutendsten Mathematikers und Physikers seiner Zeit, der auch Musiktheoretiker war, von Juni bis September 1763 in Potsdam an die glanzvollen Tage der Tafelrunde erinnern können. Bereits 1740 war er eingeladen worden, Mitglied der Akademie zu werden, 1752 war ihm über d'Argens sogar das Amt des Präsidenten der Akademie angeboten worden. Er hatte jedoch abgelehnt. Nun war d'Alembert die meiste Zeit krank, und es kam zu keinen Gesprächen mit Friedrich.

Am 11. April 1764 wurde ein Verteidigungsbündnis mit Russland geschlossen, der Eckstein der friderizianischen Außenpolitik bis ungefähr 1780. Friedrich unterstützte Katharina II. bei der Wahl ihres Favoriten Stanislaus Poniatowski zum König von Polen am 7. September 1764. Sachsen, sein alter Feind, verlor die polnische Krone.

Um die Wirtschaft anzukurbeln wird am 20. Juli 1765 eine preußische Staatsbank gegründet. Da jedoch Gerüchte umlaufen, man wolle wertloses Papiergeld einführen, stockt das Wirtschaftsleben weiter.

Um den Staat effektiver mit Geld zu versorgen, ließ Friedrich einen Teil der Steuererhebung privatisieren. Am 9. April 1766 wurde die sogenannte „Regie" in Preußen eingeführt. Die Akzise-Verwaltung wurde an französische Unternehmer verpachtet. Die Akzise war eine Binnensteuer, die bei der Einfuhr von Lebens- und Genussmitteln vom Land in die Städte erhoben wurde, etwa vergleichbar mit den indirekten Steuern heute. Die Pächter bezahlten an den Staat eine Pauschalsumme und trugen selbst die Last der Steuererhebung und das Risiko niedrigen Steueraufkommens infolge rückläufigen Konsums.

Im Mai heißt es dann: „Es ist schon eine große Zahl von Beamten und Pächtern hier angekommen, und ganz Frankreich soll darüber in Bewegung sein. Man hofft dort, in unserem Lande so ungeheurere Reichtümer erwerben zu können, dass alles hierher will." Zwar kam der Staat so zu vorausberechenbaren Geldbeträgen, die Wirtschaft insgesamt jedoch nahm Schaden. „Die Unmenge von Franzosen, die wir jetzt im Lande haben, hat eine gewaltige Umwälzung im Handel und Geldverkehr hervorgerufen. Vor zwei Jahren zirkulierte hier noch Geld im Überfluss, jetzt hat man Mühe, irgendwo noch 1000 Taler zu finden, und die reichsten Kaufleute machen Bankerott. Die Verzweiflung darüber ist allgemein, und wen man hört, der klagt. Wir leben in sehr traurigen Zeiten. Die Geldknappheit hat einen ganz ungewöhnlich hohen Grad erreicht. Leute, die für 100 000 Taler Grund und Boden besitzen, sind nicht imstande, 1000 Taler bares Geld zu finden. Wertobjekte, die vor einem Jahr noch 20 000 Taler galten, werden jetzt für 7000 verkauft. Kaufleute, Adel und

Handwerker klagen in gleichem Maße. Die beständigen Veränderungen im Handelswesen, die neue Regie der Franzosen, die Bank und dazu noch ein umlaufendes Gerücht, die Gehälter sollten in Papier bezahlt werden, rufen eine allgemeine Bestürzung hervor. Der ganze Handel stockt."

Als der Chef der Regie Candy während eines Duells von einem anderen Franzosen getötet wurde, bemerkte der Marquis d'Argens, „man brauche sich wegen der vielen Franzosen, die hierher gekommen seien, nicht weiter zu beunruhigen, sie sorgten schon selbst dafür, dass sie weniger würden". Dieses System der Steuererhebung und die damit beauftragten Franzosen waren allgemein verhasst. Es wurde nach Friedrichs Tod sofort abgeschafft.

Zu den großen Infrastrukturmaßnahmen, denen sich Friedrich in seiner verbliebenen Regierungszeit widmete, gehörten neben der Wiederbesiedlung entvölkerter Landesteile insbesondere Kanalbauten und Flussbegradigungen.

Diese Projekte gingen fast alle auf die Frühzeit seiner Regierung zurück. Teilweise hatten sich schon sein Vater und sein Großvater mit ihnen beschäftigt. Während der Kriegszeiten stockten die Arbeiten in der Regel. Der Plauener Kanal verband die Festung Magdeburg mit den Residenzen an der Spree. Der Finowkanal, ein Vorläufer, war schon von 1605 bis 1620 erbaut, jedoch im Dreißigjährigen Krieg wieder zerstört worden, verband Havel und Oder, zwei Haupthandelswege des Landes. Schon 1743 wurde er eingeweiht. Auf 43 Kilometer hatten zehn Schleusen einen Höhenunterschied von 38 Meter zu überwinden.

Nach der ersten Teilung Polens wurden diese Aktivitäten auch auf die neu hinzugekommenen Gebiete ausgedehnt. So entstand mit Hilfe von 20 000 Lohnarbeitern 1773 und 1774 der Bromberger Kanal. Er verbindet die Brahe bei Bromberg mit der Netze bei Naklo und somit die Weichsel im Osten mit Warthe und Oder im Westen. Durch ihn wurden somit die wichtigsten Wasserstraßen der Region verbunden.

Am bekanntesten wurde die Trockenlegung des Oderbruchs, der Friedrich aus seiner Küstriner Zeit bestens bekannt war. Die Landschaft Mitteleuropas sah in der frühen Neuzeit ganz anders aus als heute. Flüsse, auch der Rhein und die Oder, mäanderten schlangenartig zuweilen Kilometer breit. Nach jedem Hochwasser veränderten sich der Lauf ihres Hauptbettes und der oft zahlreichen Nebenarme. Nun änderte sich das. Die Flussläufe wurden begradigt, Nebenarme und die sumpfigen Zwischenräume in der Regel trockengelegt, wie man in der gleichen Zeit auch im großen Stil mit der Trockenlegung von Mooren begann. In der Regierungszeit Friedrichs verfuhr man so nicht nur im Oderbruch, sondern auch an Netze und Warthe und einer Vielzahl von kleineren Flüssen. Die Trockenlegung des Oderbruchs erfolgte im Wesentlichen in der Friedenszeit vor dem Siebenjährigen Krieg, wurde aber erst 1762 abgeschlossen. Die Neubesiedlung des gewonnenen Landes begann 1753. Man sagt, Friedrich habe hier im Frieden eine Provinz gewonnen. Dabei ist jedoch zu bedenken, dass diese Gebiete vorher nicht unbesiedelt waren. Es kam vielmehr zu einem Bevölkerungsaustausch. Eine frühere Bevölkerung, die von und mit den Flüssen lebte, meistens Fischer, wurde durch Landwirte ersetzt, nicht selten unter Zuhilfenahme des Militärs. Das war für den Staat sinnvoll, weil Getreidebauern sich leichter kontrollieren ließen, das von ihnen zu erwartende Steueraufkommen leichter abschätzbar war. Auch die neue Landschaft, mit Plandörfern und geraden Wegen versehen, ließ sich leichter kontrollieren als die von staatlicher Einflussnahme relativ unberührten Sumpflandschaften.

Handels- und militärpolitische Gründe traten hinzu. In der frühen Neuzeit gab es wenige befestigte Straßen über Land, die Naturstraßen waren witterungsbedingt oft unpassierbar. Rund um Berlin behinderte sandiger Boden das Fortkommen. Wasserstraßen waren die Hauptverkehrsadern. Wenn man sie begradigte, gewann man nicht nur neue Getreide- und Weideflächen, auch für Kavalleriepferde, sondern man gewann auch Zeit, weil der Transport sich wesentlich beschleunigte. Nicht nur der Handel nahm einen Aufschwung, auch Truppentransporte ließen sich deutlich schneller durchführen. Strategisch sind die großen Flussbegradigungen des 18. Jahrhunderts mit dem Eisenbahnbau des 19. Jahrhunderts zu vergleichen. Und Strategie war Friedrichs ureigenstes Gebiet. Der Preis dafür waren die Verdrängung der Ursprungsbevölkerung und die rasante Erhöhung der Fließgeschwindigkeit der Gewässer. Damit verbunden war eine Vertiefung der Flussbetten, ein Absinken des Grundwasserspiegels und der Verlust vieler Fisch- und Krebsarten, die sich in den schnellfließenden Gewässern nicht halten konnten. Am Ende des 18. Jahrhunderts war Fisch vielerorts von einem gewöhnlichen Nahrungsmittel auch der Unterschichten zu einem Luxusartikel geworden. Entscheidend waren für Friedrich an diesen größten Bauprojekten seiner Regierungszeit, die jeweils mit zehntausenden von Arbeitern und am Ende oft mit Hilfe von Soldaten durchgeführt wurden, die wirtschaftlichen und militärischen Aspekte.

Das „Lust-Haus zu Potsdam“

Preußisches Rokoko

Anmutiger als die Begradigung der Landschaft waren andere Bauvorhaben Friedrichs, von denen einige heute noch zu besichtigen sind. Der erste preußische König, Friedrich I., war gemäß seiner Selbstinszenierung, der bevorzugten Kunst, Musik und Architektur, ganz eine Erscheinung des Barock. Friedrich Wilhelm I. war so wenig künstlerisch, dass er keiner Kunstepoche zuzuordnen ist. Erst Friedrich II. prägte seine Residenzen und seine Umgebung erneut mit einem anspruchsvollen Stil, dem Rokoko. Selbst während des Krieges träumte er von Gärten, Gemälden und Balletttänzern. „Dies sind meine Puppen, mit denen ich spiele“, schrieb Friedrich aus dem Feldlager an Knobelsdorff.

Das preußische Rokoko begann abseits, fast unbemerkt, mit der Anlage eines Gartens und eines hölzernen Monopteros, eines kleinen Apollotempels nach antikem Vorbild durch Knobelsdorff in Neuruppin. Ab 1736 folgten dann erste Umbauten in Rheinsberg.

Sichtbar begann das preußische Rokoko am 5. September 1741 mit der Grundsteinlegung der Oper Unter den Linden. Schon zur Wintersaison 1742 wurde sie mit Grauns Oper „Cleopatre é Césare“ eröffnet. „Nie sah ich eine galantere und prächtigere Aufführung“, schrieb Friedrich an Wilhelmine. Das Publikum war ebenfalls begeistert. Die Musen hatten einen neuen Sitz in Berlin erhalten. Unter den Gästen befand sich auch die Fürstin von Anhalt-Zerbst mit ihrer vierzehnjährigen Tochter Sophie, die zwei Jahre später den russischen Thronfolger heiraten und als Katharina die Große in die Geschichte eingehen wird.

Die Oper sollte ursprünglich Teil eines größeren Projektes, des Forum Fridericianum nördlich der Straße Unter den Linden sein. Geplant hatten Friedrich und Knobelsdorff die Anlage, welche Berlin architektonisch auf eine Stufe mit den großen europäischen Hauptstädten stellen sollte, noch in Rheinsberg. Unterschiedliche Gründe, Schwierigkeiten beim Erwerb der benötigten Grundstücke, Beschaffenheit des Baugrundes, vor allem aber der Ausbruch der Schlesischen Kriege und die Verlagerung von Friedrichs Lebensmittelpunkt nach Potsdam ab 1745, führten dazu, dass das Projekt rudimentär blieb.

1747 begann der Bau der katholischen Sankt-Hedwigs-Kathedrale, 1748 des stattlichen Prinz-Heinrich-Palais, der heutigen Humboldt-Universität, und in dessen unmittelbarer Nachbarschaft 1775 bis 1786 der königlichen Bibliothek, die heutige Staatsbibliothek. So entstand, kleiner als ursprünglich geplant, ein sehr repräsentatives Ensemble. Da schon die Idee des Forums aus der Antike stammte, waren auch die zugehörigen Gebäude klassizistisch im Sinne des Palladianismus. Das eigentliche Rokoko wurde in der zeitgenössischen Schlossarchitektur entfaltet.

Schon in Neuruppin und Rheinsberg hatte sich Knobelsdorff mit Garten- und Parkanlagen beschäftigt. Ab 1741 gestaltete er in Berlin das ehemalige Jagdrevier, den Tiergarten, zunächst im französischen Stil um. Knobelsdorff leitete auch den repräsentativen Ausbau von Schloss Monbijou, das ab 1740 Witwensitz der Königin-Mutter war.

Schloss Charlottenburg erweiterte er um den neuen Flügel, dessen Weißer Saal als Speise- und Thronsaal Friedrichs

„Prospect des Königlichen Lustschlosses Sans-Souci bei Potsdam",
Johann David Schleuen d. Ä. 1748

mit einem Deckengemälde von Pesne einen fast klassizistischen Eindruck hinterlässt. Die Goldene Galerie gilt mit ihrer übereichen Ornamentik als Inbegriff des friderizianischen Rokoko.

Am 1. Mai 1747 wird Sanssouci eingeweiht, ein Hauptwerk des friderizianischen Rokoko. Es wurde zwar ebenfalls von Knobelsdorff ausgeführt, aber gegen die Vorstellungen des Architekten nach Friedrichs Entwurf in zwei Jahren eingeschossig und ohne Keller gebaut, ein Sommerpavillon, der sich nicht dazu eignete, bei feuchtem und kaltem Wetter bewohnt zu werden. Die heutige Form geht auf Friedrich Wilhelm IV. zurück, der zwei Seitenflügel hinzufügen ließ.

Da Sanssouci, Friedrichs „Lust-Haus zu Potsdam", in der Regel „sans femmes", ohne Frauen war, verglichen die vertrauten Gäste des Königs das Schloss mit einem Kloster und nannten den König notre Pere Abbe oder Pater Prior. Er selbst bezeichnete sich gern als den Philosophen und nach dem Siebenjährigen Krieg mit zunehmender Einsamkeit als den Eremiten von Sanssouci. Im Frieden verbrachte er die Zeit von Ende April bis Anfang Oktober überwiegend in seinem „maison de plaisance". Die Diskussion über die Bedeutung des Kommas in der Inschrift „SANS, SOUCI", die sich auf der Gartenseite des Lustschlosses befindet, hält bis heute an.

Ein Spätwerk aus dem letzten Lebensjahr Knobelsdorffs war die Französische Kirche in Potsdam. Wie seine Forumsbauten in Berlin entspricht sie weniger den Formen des Rokoko als dem Palladianismus. Am Tag von Knobelsdorffs Tod, dem 16. September 1753, übergab Friedrich das Bauwerk der hugenottischen Gemeinde.

Ein wichtiger Mitarbeiter Knobeldorffs und Gestalter des friderizianischen Rokoko war der 1742 zum Oberbaudirektor bestellte Friedrich Wilhelm Diterichs. Er war der Schöpfer des Ephraim-Palais und mehrerer Bauten auf der Prachtstraße Unter den Linden. Das westlich vor den Toren Berlins errichtete Invalidenhaus für über 600 Personen wurde am 19. November 1748 durch Friedrich eingeweiht. Der schlichte, klosterförmige Gebäudekomplex wurde nach französischem Vorbild von Isaak Jacob von Petri errichtet, der neben Simon Leonhard von Haerlem maßgeblich an der Trockenlegung des Oderbruchs beteiligt war.

Das Neue Palais in Sanssouci war eher der Formsprache des Barock als des Rokoko verpflichtet. Von 1763 bis 1769 errichtet, sollte diese „Prahlerei", wie Friedrich selbst das Bauwerk nannte, die ungebrochene Kraft des preußischen Staatswesens nach dem Siebenjährigen Krieg dokumentieren. Dem entspricht, dass die zentrale Kuppel eine bloß aufgesetzte Imponiergeste ist, die im Inneren keine Entsprechung hat. Das Schloss diente als Gästehaus für Besucher Sanssoucis, insbesondere für Mitglieder der königlichen Familie.

Sämtliche Baumaßnahmen Friedrichs waren Teil seiner Inszenierung als Herrscher. Auch als Kunstsammler betrieb er letztlich Politik. Nach der Rückkehr aus dem Zweiten Schlesischen Krieg wandte er sich vom Rokokogeschmack seiner Jugend ab. Fortan galt seine Vorliebe den italienischen und niederländischen Altmeistern. Besonders Rubens und Van Dyck schätzte er. Nur bei der Gestaltung des Parks von Sanssouci, der zu seinen Lebzeiten nicht mehr fertig wurde, blieb er Watteaus arkadischem Ideal treu.

Die Suche nach repräsentativen Exponaten für die neue 1755 bis 1764 errichtete Bildergalerie war schwierig. Ihr Architekt war Johann Gottfried Büring, der neben Knobelsdorff auch an der Hedwigs-Kathedrale gearbeitet hatte. Als Kronprinz schätzte Friedrich die Werke des französischen Rokoko. Nach seiner Thronbesteigung traten Historienbilder der Hochrenaissance, des Manierismus und Barock, besonders flämische Meister in den Vordergrund. In Italien versuchten die Behörden schon damals die Ausfuhr von Kunstwerken einzuschränken. Dies führte zur Korruption und schuf einen Markt für Fälscher. Mit Hilfe von Agenten suchte der König in ganz Europa geeignete Exponate. Der venezianische Kunstkenner Antonio Maria Zanetti zum Beispiel half beim Erwerb von Teilen der Sammlung Labia, darunter Werke von Bassano und Luca Giordano. Der in Rom für neuntausend Dukaten erworbene Raffael erwies sich bald als eine Historienszene des flämischen Manieristen Jakob de Backer. Auch die Bilder, die sein Agent Johann Ernst

Gotzkowsky bei dem sächsischen Kunstintendanten Heinrich von Heineken kaufte, waren nicht immer von höchster Qualität. Aus der Sammlung Augusts III. stammten ein ausrangierter Tintoretto und eine Reproduktion von Rubens anzüglicher „Leda mit dem Schwan". Selbst während man gegeneinander Krieg führte, wechselten Kunstwerke von Dresden nach Berlin und Potsdam.

Friedrich blieb in seinem Kunstgeschmack in hohem Maße von Beratern abhängig. Seine Vorlieben als Sammler waren eher konservativ, zeitgenössischen Künstlern gegenüber war er zurückhaltend. Er kaufte am liebsten das, was schon als gut bekannt war. Diese Haltung lud gerade dazu ein, ihm minderwertige Bilder unter hochwertigen Namen unterzuschieben. Anders als zum Beispiel sein sächsisch-polnischer Amtskollege entwickelte er keine persönliche Kennerschaft. Eine zentrale Rolle als Berater spielte neben Algarotti und d'Argens der Berliner Kaufmann und Unternehmer Gotzkowsky. Er wurde 1755 von Friedrich beauftragt, eine Sammlung für die gerade fertiggestellte Gemäldegalerie zusammenzutragen. Hierbei kamen Leipzig und sächsischen Amtsträgern eine maßgebliche Bedeutung zu. Ein großer Teil der Gemälde wurde über den sächsischen Hof bezogen. Der Verkauf von über dreihundert Gemälden aus Gotzkowskys Sammlung an Katharina die Große flankierte die preußisch-russischen Bündnisverhandlungen nach dem Siebenjährigen Krieg. Spekulative Geschäfte mit russischem Getreide führten 1763 fast zum Bankrott Gotzkowskys. Friedrich half mit dem Ankauf von Gemälden und der Porzellanmanufaktur, die nun den Zusatz „königlich-preußisch" erhielt.

Obwohl in der Einschätzung vom Urteil der Berater abhängig, brachten die Kunstankäufe für Friedrich den gewünschten Prestigegewinn. Nach Ende des Siebenjährigen Krieges führte er selbst Gäste durch seine Sammlungen. Die gedruckten Kataloge seiner Sammlung wiesen ihn als Kunstkenner aus und verschafften ihm internationales Ansehen bei den Gebildeten.

Rokoko war der dominierende Kunst- und Architekturstil der friderizianischen Epoche. Durch seine sechsundvierzigjährige Regierungszeit zieht sich jedoch auch der antikisierende Palladianismus, und auch die barocke Architektur lebte weiter.

Unter Friedrich II. erlangte das Rokoko in der Architektur seine höchste Blühte und endete noch während seiner Regierungszeit. Der Palladianismus hingegen bildete die Grundlage des sogenannten preußischen Stils, der für lange Zeit prägend wurde. Berlin, und auch Potsdam, wuchsen. Es wurde gebaut, und was gebaut wurde, war prächtig. Die Jahre vor dem Siebenjährigen Krieg waren die glanzvollsten Jahre Berlins im 18. Jahrhundert.

„... bis alles geschluckt sei"
Drei Teilungen Polens 1772 bis 1795

Im politischen Testament von 1752 beschäftigte sich Friedrich mit den „zur Erwerbung günstig gelegenen Ländern". Neben Sachsen und den mecklenburgischen Herzogtümern dachte er dabei insbesondere an Polnisch-Preußen, das spätere Westpreußen, das er mit einer Artischocke verglich, die man Blatt für Blatt verspeisen müsse „bis alles geschluckt sei".

Die Voraussetzung dafür war ein gutes Einvernehmen mit Russland. 1764 hatte Friedrich ein achtjähriges Bündnis mit Russland geschlossen, um der Gefahr einer erneuten Einkreisung zu entgehen und den Wiederaufbau des Landes zu sichern. Friedrich musste sich in dem Vertrag zur Unterstützung der russischen Absichten in Schweden verpflichten, während Katharina die Große seine Ansprüche auf Bayreuth und Ansbach bestätigte. Schweden, vereint mit Finnland, grenzte im Südosten an Russland. Die schwedische Verfassung von 1720 begünstigt den Einfluss der russischen Partei, weil nicht der König, sondern der Reichstag die Politik des Landes dominierte. Hier gab es verschiedene Gruppierungen, unter anderem eine russische und eine französische Partei, welche die absolute Monarchie wiederherstellen wollte. Friedrich hatte sich also verpflichtet, die Widersacher seiner Schwester, der schwedischen Königin Ulrike, zu unterstützen. Der Bündnisfall trat jedoch infolge der polnischen Wirren ein. Seit Katharina ihren Favoriten Stanislaus Poniatowski zum polnischen Thron verholfen hatte, kam es ständig zu Aufständen. Katharina versuchte, ihren Satellitenkönig mit 20000 russischen Soldaten zu unterstützen. Als eine der russischen Abteilungen die polnische Grenze überschritt und osmanisches Gebiet verletzte, wurde dies zum Auslöser des russisch-osmanischen Krieges, der von 1768 bis 1774 dauerte. Für den Kriegsfall hatte sich Preußen verpflichtet, entweder Truppen oder Geld zu stellen. Nun mussten Subsidien bezahlt werden.

Zu dieser Zeit reiste Prinz Heinrich nach Schweden, um im Auftrage Friedrichs mäßigend auf die Politik ihrer Schwester Ulrike einzuwirken. Noch vor seiner Reise nach Schweden Ende Juli 1770 erhielt er eine heimlich von ihm selbst und ohne das Wissen Friedrichs angeregte Einladung von Katharina nach St. Petersburg.

1770 bis 1771 fielen 50000 bis 80000 Polen der Cholera zum Opfer, weshalb Preußen einen Sanitätskordon von der Neumark bis nach Ostpreußen einrichtete. Die Einreise von Menschen und die Einfuhr von Vieh und Gütern wurden so unterbunden. Das so vom größeren Teil Polens abgetrennte Gebiet entsprach ungefähr dem späteren preußischen Teilungsanteil. Auch Österreich hatte seinerseits bereits einen Sanitätskordon gezogen. Das Hauptproblem waren jedoch die Erfolge der Russen im Krieg gegen die Osmanen. Österreich fürchtete, dass Russlands Position auf dem Balkan zu stark würde. Preußen wünschte, dass der Krieg und damit die Subsidienzahlungen an Russland bald enden sollten. Gleichzeitig herrschte die Angst, dass es durch einen Kriegseintritt Österreichs und vielleicht auch Schwedens zum großen europäischen Krieg kommen würde. Infolge der mehrmonatlichen Verhandlungen Prinz Heinrichs und Katharinas wurden alle diese miteinander verwobenen Probleme durch die erste

Teilung Polens scheinbar gelöst. Russland erhielt den größten Teil, Österreich und Preußen strategisch günstig gelegene Kompensationen. Russland verzichtete auf die Donaufürstentümer Moldau und Walachei, bekam dafür Livland und Teile Weißrusslands, Österreich Galizien. Friedrich fand: „Ich kriege, was ich wollte, und das ist die Subsidien wert, die mich der türkische Krieg kostet." Noch vor der Einigung mit Österreich inspizierte er seine Beute und berichtete darüber Heinrich am 12. Juni 1772: „Ich habe dieses West-Preußen gesehen, das ich gewissermaßen aus Ihren Händen erhalten habe. Das ist eine sehr gute Erwerbung und sehr vorteilhaft, sowohl was die politische als auch die finanzielle Seite betrifft. Aber um nicht zu viele Neider zu haben, sage ich allen, die es hören wollen, dass ich auf meiner Reise nur Sand, Fichten, Heidekraut und Juden gesehen habe."

1793 schlossen die drei Mächte einen neuen Teilungsvertrag. Preußen erhielt nun endlich Danzig, Thorn und Südpreußen, das gesamte Gebiet zwischen Westpreußen und Schlesien, insgesamt über eine Million neue Untertanen. Im Januar 1795 kam es, nach der Niederwerfung des polnischen Aufstandes unter Tadeusz Kosciuszko, zur Teilung Restpolens. Friedrich Wilhelm II. bekam Masowien mit dem Zentrum Warschau und Neuostpreußen, das Gebiet östlich und südlich des alten Herzogtums Preußen. Schon seit 1791 gehörten auch Ansbach und Bayreuth zu seinem Reich. Der „große Tölpel", wie Friedrich Wilhelm II. von Friedrich immer genannt wurde, hatte damit ohne einen Schuss und ohne das Leben auch nur eines einzigen preußischen Grenadiers dem preußischen Staat ein mehr als doppelt so großes Gebiet erworben als Friedrich II. durch all seine menschenverzehrenden Kriege.

„Man sieht selten solche Fürstinnen wie sie“

Bayerischer Erbfolgekrieg 1778

Trotz der fortbestehenden Gegnerschaft zwischen Preußen und Österreich regte Kaunitz als vertrauensbildende Maßnahme ein Treffen zwischen Joseph II. und Friedrich zur Verbesserung des politischen Klimas an. Dies entsprach ganz Friedrichs Wünschen. Man traf sich am 25. August 1769 in Neiße, also auf neupreußisch-oberschlesischem Gebiet, ein Jahr später, am 3. Oktober 1770, fand der Gegenbesuch Friedrichs in Mährisch-Neustadt statt. Beide Zusammenkünfte verliefen im Wesentlichen ergebnislos, gehören aber zur Vorgeschichte der ersten polnischen Teilung. Friedrich gewann dabei einen eher kritischen Eindruck von seinen beiden Gesprächspartnern. Kaunitz „halte sich für ein Orakel in der Politik und alle anderen für seine Schüler, die er belehren wolle“. Der junge Kaiser hingegen sei zwar intelligent und unternehmend, aber auch maßlos ehrgeizig. Er werde die erste Gelegenheit ergreifen, um seinen Ehrgeiz zu befriedigen. Er sei zu ungeduldig, um sich genau zu unterrichten, seine hohe Stellung mache ihn oberflächlich.

Dennoch entwickelte sich eine Art Freundschaft zwischen dem alten König und dem jungen Kaiser. Sie empfanden gegenseitige Achtung. Friedrich sagte seinem Gegenüber in Neiße, er betrachte diesen Tag als den schönsten seines Lebens; denn er sei entscheidend für die Einigung zweier Dynastien, die sich zu lange befehdet hätten, deren gegenseitiger Vorteil aber darin bestehe, einander beizustehen, statt sich zu vernichten. Joseph erwiderte, es gebe keine schlesische Frage mehr für Österreich, ließ aber durchblicken, dass er, solange seine Mutter noch lebe, nicht allein zu bestimmen habe. Österreich war zur Freundlichkeit gezwungen, solange seine beiden mächtigen Nachbarn, Preußen und Russland, miteinander verbunden waren. Vielleicht erinnerte der ruhmbegierige junge Monarch Friedrich auch an die frühen Tage seiner eigenen Herrschaft.

Die Gelegenheit zur Befriedigung des kaiserlichen Ehrgeizes ergab sich, als die bayerische Linie der Wittelsbacher überraschend ausstarb. Mit erst 51 Jahren war Kurfürst Maximilian III. Joseph am 30. Dezember 1777 an den Schwarzen Pocken gestorben. Seit dem Verlust Schlesiens war die gesamte österreichische Politik von dem Gedanken getragen, diese Schwächung zu revidieren. Da die Rückeroberung in drei Kriegen gescheitert war, suchte Kaiser Joseph nach anderen Entschädigungen. Es gelang ihm, den Erben Maximilians, Kurfürst Karl Theodor von der Pfalz, gegen eine finanzielle Abfindung und im Tausch gegen Vorderösterreich, das Gebiet um Freiburg im Breisgau, zur Abtretung Niederbayerns und der Oberpfalz zu bewegen. Nach Abschluss der Wiener Konvention vom 3. Januar 1778 rückten österreichische Truppen in die Oberpfalz und Niederbayern ein. Der Erwerb dieser Besitzungen hätte Österreichs Machtposition im Reich erheblich gestärkt. Das konnte Friedrich nicht akzeptieren. Entgegen dem Rat Heinrichs und anderer, die eine Verhandlungslösung für möglich hielten, war er zu einer militärischen Intervention entschlossen. Friedrich war 66 Jahre alt und wollte demonstrieren, dass sein Regime noch nicht an Altersschwäche litt. Am 5. Juli 1778 rückten seine Truppen in Böhmen ein.

Der Konflikt erlaubte es Friedrich, sich als Schutzherr der sogenannten „deutschen Freiheit" zu inszenieren, womit die relative Unabhängigkeit der deutschen Fürsten vom Kaiser gemeint war. Im Gegensatz zum mit äußerster Hartnäckigkeit und großen Verlusten geführten Siebenjährigen Krieg war der Krieg von 1778 ein typischer Kabinettskrieg des 18. Jahrhunderts. Man versuchte, sich gegenseitig auszumanövrieren, die gegnerischen Verbindungslinien und Magazine zu gefährden. Es kam zu keiner Schlacht. Dennoch waren infolge von Mangelernährung und Seuchen erhebliche Verluste zu verzeichnen. Der Sommer war kurz, früh fiel Schnee, Hagel und Regen hatte Teile der Ernte vernichtet. In den Mittelgebirgen schneite es bereits im August. Vielerorts mussten die Menschen das Saatgetreide für das nächste Jahr aufzehren. Die Soldaten in Böhmen stahlen den Bauern die Kartoffeln von den Feldern, weshalb man auch vom Kartoffelkrieg spricht.

Hinter dem Rücken des Kaisers, aber in Absprache mit Kaunitz, nahm Maria Theresia Kontakt mit Friedrich auf, um durch Verhandlungen weitere Opfer zu vermeiden. Auch das rechtfertigt Friedrichs Urteil über die Königin von Ungarn, wie er sie immer nannte: „Sie ist zwar meine Feindin und fügt mir viel Schaden zu; aber ich muss ihr Gerechtigkeit widerfahren lassen, wie sie es verdient; man sieht selten solche Fürstinnen wie sie."

Prinz Heinrich nutzte seine guten persönlichen Beziehungen zu Katharina der Großen und bewegte sie zu einer diplomatischen Intervention gegenüber Österreich. Friedrich schrieb Heinrich am 7. August aus Jaromirz: „Sie haben viel mehr erreicht als Sie glauben. Sie haben ein österreichisches Korps in Böhmen ausgehoben, aber Ihr Brief an die Zarin hat mehr bewirkt als eine Schlacht. Sie hat sich fest entschlossen, sich offen auf unsere Seite zu stellen. [...] Sie will den Wiener Hof zwingen, das gerechte Gleichgewicht in Deutschland wieder herzustellen. Was ich doch alles Ihnen verdanke!" Österreich hingegen wurde von seinem Verbündeten Frankreich nicht tatkräftig unterstützt.

Der Krieg endete am 31. Mai 1779 mit dem Frieden von Teschen. Er war durch Vermittlung von Frankreich und Russland, den beiden Hauptverbündeten der gegnerischen deutschen Mächte, zustande gekommen. Österreich verzichtete auf seine weitgehenden territorialen Ansprüche, während Bayern die Gebiete östlich des Inn, das sogenannte Innviertel, an Österreich abtrat. Es wurde festgehalten, dass es dem Kurfürsten von Bayern freistehe, mit Zustimmung seiner Erben, später einen vorteilhaften Tausch Bayerns gegen andere Besitzungen vollziehen zu dürfen. Preußens Recht zum erblichen Erwerb der fränkischen Markgrafschaften Ansbach und Bayreuth wurde bekräftig. Bedeutend war zudem, dass durch den Frieden von Teschen Russland neben Schweden und Frankreich zum Garanten des Westfälischen Friedens von 1648 aufstieg, der üblicherweise bis kurz vor Ende des Alten Reiches 1806 in allen weiteren Friedensschlüssen bestätigt wurde. Russlands neue Rolle als Garant des Deutschen Reiches zeigte sich später während der großen Kongresse im Napoleonischen Zeitalter, auf denen sich Russland maßgeblich an der Umgestaltung der deutschen Verfassung beteiligte. Die Einverleibung der fränkischen Markgrafschaften durch Preußen wurde 1791 vollzogen.

„Betrachtungen über den politischen Zustand von Europa“

Fürstenbund 1785

Bereits einige Jahre zuvor hatte Kaiser Joseph II. seinerseits versucht, gemäß dem Teschener Frieden Bayern durch Tausch zu erwerben. Russland hatte das preußische Bündnis aufgegeben und war ins österreichische Lager gewechselt. Österreich war wie vor dem Siebenjährigen Krieg mit den kontinentalen Hauptmächten verbündet. Preußen war isoliert. Friedrich war alt und hinfällig. Europa wartete auf seinen Tod. Allgemein wurde ein großer Krieg erwartet. Man glaubte, Österreich würde beim Tod Friedrichs erneut nach Schlesien greifen. In dieser Situation wollte keine Macht ein Bündnis mit dem siechen König schließen. Fast deprimiert beschreibt Friedrich 1782 in einer Denkschrift „Betrachtungen über den politischen Zustand von Europa“ die Situation Preußens: „Wenn nach meinem Tode mein Neffe ganz verweichlicht; wenn er sich für die Geschäfte nicht interessiert; wenn er in seiner Verschwendungssucht das Staatsvermögen vergeudet; wenn er seine geistigen Kräfte nicht zusammennimmt, dann sage ich ihm voraus, dass Monsieur Joseph ihn zu Fall bringen und es in zehn Jahren weder ein Preußen noch ein Haus Brandenburg mehr geben wird; dass der Kaiser, nachdem er alles geschluckt hat, zuletzt ganz Deutschland beherrschen, alle souveränen Fürsten berauben und eine Monarchie nach französischem Muster einrichten wird.“ Eigentlich waren diese Überlegungen eine vernichtende Kritik seines eigenen Systems, eines Absolutismus ohne institutionelle Sicherungen, in dem alles von der Persönlichkeit des Herrschers abhing.

Allerdings war es bereits 1775 fast zu dem beschriebenen Szenario gekommen. Friedrich erlitt mehrere heftige Gichtanfälle, und der kaiserliche Gesandte berichtete aus Berlin, man erwarte seinen Tod. Sofort ließ Kaiser Joseph II. die österreichische Armee an den Grenzen Sachsens aufmarschieren, um es bei Erhalt der glücklichen Nachricht zu besetzen und den neuen preußischen König vor die Wahl zu stellen, entweder Schlesien herauszugeben oder die Waffen entscheiden zu lassen.

Zur zentralen Figur der preußischen Außenpolitik der letzten Jahre Friedrichs wurde der Kabinettsminister Ewald Friedrich von Hertzberg, ein Pommer, der in Halle unter anderem bei dem Philosophen Wolff und dem Staatsrechtler Ludewig studiert hatte. Hertzberg verfügte über einen enormen Arbeitseifer, und da er seit 1750 im Kabinettsarchiv und seit 1754 als ausführender Sekretär diente, war er mit den Geheimnissen des Staates bestens vertraut. In öffentlichen Druckschriften versuchte er, den preußischen Einmarsch in Sachsen 1756 zu rechtfertigen. 1763 leistete er bei den Friedensverhandlungen mit Österreich gute Dienste. Seit 1763 war er neben Finckenstein zweiter Staats- und Kabinettsminister. Nun, da Friedrich immer weniger in der Lage war, alle Geschäfte selbst zu führen, wurde Hertzberg unentbehrlich. Er war ständig in der Nähe Friedrichs und nahm ihm alles ab, was dieser nicht mehr allein schaffte. Seit dem Bayerischen Erbfolgekrieg, den Hertzberg für überflüssig hielt, pflegte er heimlichen, vertrauensvollen Umgang mit dem preußischen Kronprinzen. Er war an den Verhandlungen zum Abschluss des Fürstenbundes beteiligt und favorisierte ein Bündnis mit England. Durch komplizierte Tauschprojekte versuchte er, Österreich auf den Balkan abzudrängen und Preußen durch Erwerbungen in Polen zu stärken. Gegen Hertzberg stand die französische Partei am preußischen Hof, deren Führer Prinz Heinrich war. Mit der Gründung des Fürstenbundes hatte sich Hertzberg durchgesetzt. Mit dem Abschluss der Konvention von Reichenbach zwischen Preußen und Österreich 1790 verlor er an Einfluss und konzentrierte sich auf die Akademie, deren Kurator er 1786 geworden war.

Fürstenbünde waren im Reich nichts Ungewöhnliches. Immer wieder versuchten Fürsten, ihre Interessen gemeinsam durchzusetzen. Die Bestrebungen, die zum Fürstenbund von 1785 führten, wurden zunächst von den mindermächtigen deutschen Reichsfürsten getragen. Während des Siebenjährigen Krieges und erneut während des Bayerischen Erbfolgekrieges mussten sie erdulden, wie die deutschen Großmächte sie misshandelten, sie mit Gewaltandrohung zu Bündnissen zwangen, illegale Rekrutierungen und Kontributionen in ihren Gebieten vornahmen, ungefragt durch ihr Territorium marschierten oder es gar zum Kriegsschauplatz machten. Seit der ersten Teilung Polens 1772 grassierte zudem die Angst, dass Preußen und Österreich mit dem Deutschen Reich ähnlich verfahren könnten. Diese Bestrebungen richteten sich ursprünglich gleichermaßen gegen Preußen wie gegen Österreich. Einer der Hauptprotagonisten der Bewegung war Goethes Herzog Karl August von Sachsen-Weimar-Eisenach. Unterstützt wurde er von Baden, Anhalt-Dessau und vielen anderen kleineren Fürsten. Ihre Ziele waren dabei durchaus ambivalent. Zunächst wollten sie durch Zusammenschluss eine Gegenmacht zu den deutschen Großmächten, quasi ein Drittes Deutschland bilden, um ihre Interessen und die Reichsverfassung zu schützen. Manche verbanden damit den Wunsch nach einer Reichsreform, einer Stärkung der Reichsinstitutionen. Andere hingegen wollten ihre Landeshoheit ausbauen. Das waren gegensätzliche Absichten, die sich eigentlich nicht miteinander vertrugen.

Die aktuellen Bestrebungen wurden durch die reichsverfassungswidrige Politik Kaiser Josephs II. zusätzlich motiviert. Der Kaiser hatte sich seit dem Scheitern der von ihm betriebenen Reichsjustizreform 1776 ganz auf die Stärkung Österreichs konzentriert. Die Justizreform war gescheitert, da die größeren protestantischen Reichsstände, namentlich Kurhannover und Brandenburg, befürchteten, durch effektive Reichsinstitutionen Einbußen in ihrer Landeshoheit zu erleiden. Dennoch gelang es Friedrich, sich seit dem Bayerischen Erbfolgekrieg als Beschützer der Reichsverfassung und der kleineren Reichsfürsten gegen kaiserliche Übergriffe zu stilisieren. Wegen verschiedener kaiserlicher Maßnahmen war die antiösterreichische Empörung im Reich 1785 fast allgemein. Erneut hatte Kaiser Joseph das Projekt aufgenommen, Bayern gegen die österreichischen Niederlande zu tauschen, und er hatte Karl Theodor von Pfalz-Bayern zusätzlich eine burgundische Königskrone angeboten. Die Verhandlungen zogen sich hin, weil Joseph sich einen Teil der niederländischen Einkünfte vorbehalten wollte und die Interessen des hochverschuldeten Erben Karl Theodors, des Herzogs von Zweibrücken, missachtete. Der Tausch hätte die Machtrelationen im Reich deutlich zugunsten des Kaisers verschoben. Das konnten die deutschen Mittelmächte nicht akzeptieren. So gelang es Preußen zunächst, den sogenannten Dreikurfürstenbund mit Sachsen und Hannover zu bilden. Gleichzeitig übernahm Friedrich die Schulden des Herzogs von Zweibrücken und veranlasste ihn so zum Widerspruch gegen das Tauschprojekt, das schon seit dem Anfang des 18. Jahrhunderts in der Diskussion war.

Ungefähr zur gleichen Zeit hatte Kaiser Joseph eigenmächtig die Diözesangrenzen im Reich verändert, indem er Teile von Diözesen deutscher Bischöfe, wie die des Bischofs von Passau, die weit auf österreichisches Gebiet reichten, österreichischen Diözesen angliederte. Das empörte die gesamte Reichskirche und führte dazu, dass sich neben vielen kleineren weltlichen Fürsten auch der Primas der deutschen Kirche, der Erzbischof von Mainz, und weitere geistliche Fürsten dem Fürstenbund anschlossen. Der jahrhundertealte konfessionelle Gegensatz schien überwunden. Das Reich hatte sich unter Friedrich, der nun fast wie ein Gegenkaiser erschien, gegen Österreich organisiert. Durch das Bündnis mit Hannover hatte Friedrich indirekt ein Bündnis mit England geschlossen, dessen König in Personalunion Kurfürst von Hannover war. Der Bestand Preußens und sein Lebenswerk waren nun über seinen Tod hinaus gesichert. Das Bündnis zerfiel erst, als sich Preußen und Österreich unter seinem Nachfolger ab 1791 gemeinsam gegen die Französische Revolution wandten.

„Die Prinzen wissen so schon zeitig genug, dass sie Prinzen sind!“

Kronprinzenkonflikt

Friedrichs Jugend war geprägt vom Konflikt mit dem Vater. Nicht nur in Form von Albträumen überschattete dieser Konflikt sein ganzes Leben. Auch seine Ruhmgier und das verhängnisvolle schlesische Abenteuer gründeten mit in dieser Auseinandersetzung. Immer wieder hatte Friedrich Wilhelm I. erklärt, Friedrich sei unfähig, sein Nachfolger zu werden. Friedrich musste sich beweisen, musste irgendwie versuchen, ein größerer König als sein Vater zu werden. Friedrich Wilhelm, der seinem eigenen, so ganz anders gearteten Vater Respekt entgegenbrachte, solange dieser lebte, wollte es nicht dulden, dass sein Sohn sich anders verhielt. Nach der Katastrophe von 1730 lernte er, dass sich ein Kronprinz nur bedingt kontrollieren ließ. Ein ähnlicher Konflikt ergab sich in Friedrichs späten Jahren. Diesmal zwischen ihm und seinem 1744 geborenen Neffen und Thronfolger Friedrich Wilhelm.

Erstaunlicherweise reagierte er nun ganz ähnlich wie einst sein Vater. So erklärte er de Catt 1758: „Ich wünsche durchaus nicht, dass man meinem Neffen zu viel Ehrerbietung erweist. Ich lasse ihm alle Generale vorgehen, und wenn sie ihm zu viel Hochachtung bezeigen, so lasse ich durchblicken, dass mir das missfällt. Die Prinzen wissen so schon zeitig genug, dass sie Prinzen sind! Vor allen Dingen sollen sie jedoch wissen, dass sie Menschen sind und dass sie die Menschen brauchen. So bin ich erzogen worden."

Schon der Karneval 1764 wurde für die Hofgesellschaft in Berlin zu einer heiklen Sache, die viel diplomatisches Geschick erforderte. Friedrich hatte jeden im Verdacht, sich zu eng mit dem Prinzen von Preußen zu befreunden, der missvergnügt war, weil der Herrscher nicht mit ihm zufrieden war. „Das Leben in Berlin ist nicht mehr, wie es früher war. Einer beargwöhnt den anderen, und überall herrscht Misstrauen."

Die Tragödie der Autokratie besteht darin, dass jeder Autokrat am liebsten sein eigener Nachfolger wäre, sich aber zumindest einen Nachfolger wünscht, der das Abbild seiner selbst ist. Für einen selbstbewussten Prinzen ist das schwer zu akzeptieren. In einem autokratisch regierten Staat endet die Autorität eines Herrschers mit seinem Tod. Nur in den wenigsten, günstigsten Fällen kann sich ein Monarch der altersbedingten Erosion seiner Autorität entziehen. Alter ist hierbei relativ. Friedrichs Vorgänger starben in mittleren Jahren, ihr naher Verfall war jedoch offensichtlich. Der Tod eines Herrschers wirft schon einen Schatten, bevor er eintritt. Die Autorität des alten Herrschers wird im Verhältnis zum künftigen Herrscher zunehmend zur scheiternden Autorität. Das Scheitern erfolgt subversiv, selten kommt es zur offenen Rebellion, zur Palastrevolte. Ebenso wenig wie sein eigener Vater vermochte Friedrich mit zunehmenden Alter zu verhindern, dass die Partei des Kronprinzen immer größer wurde, dass dieser Kredite auf die Zukunft bekam.

Und wie einst sein Vater versuchte Friedrich mit Gewalt aus dem Kronprinzen einen guten Soldaten zu machen. Jeden Tag musste Friedrich Wilhelm exerzieren. Der modische

Hut wurde ihm abgenommen und durch eine einfache soldatische Kopfbedeckung ersetzt. Angesichts der Spannungen zwischen König und Kronprinz beschließt Lehndorff: „Ich für mein Teil bin fest entschlossen, mich von dem Prinzen möglichst fern zu halten, denn alle Anzeichen deuten auf eine gewitterreiche Zukunft."

Wenn es irgendwie ging, flüchtete Friedrich Wilhelm vor Friedrichs ständigen Zynismen und Nörgeleien an die Höfe seiner freundlichen Onkel Heinrich und Ferdinand nach Rheinsberg und Friedrichsfelde, ab 1785 nach Bellevue. Wie einst sein Vater, so hatte auch Friedrich allen Bankiers in Preußen verboten, den Prinzen seines Hauses Geld zu leihen. Und wie in seiner eigenen Jugend geschah dies dennoch über Mittelsmänner. Das Kronprinzendilemma ist struktureller Bestandteil dynastischer Herrschaft.

„La montagne est passée, nous irons mieux"

Das Ende

Friederich war sich gegen Ende seines Lebens der Grenzen des personalisierten Absolutismus bewusst. In einer kleinen Schrift „Über die Regierungsformen und Herrscherpflichten", die 1777 entstand, heißt es abschließend über den Herrscher, und komme er auch dem Ideal so nahe wie Mark Aurel: „Mit dem besten Willen in der Welt kann er sich in der Auswahl seiner ausführenden Organe täuschen; man kann ihm die Dinge in falschem Licht darstellen; seine Befehle können unpünktlich ausgeführt werden; Ungerechtigkeiten können nicht zu seiner Kenntnis kommen; seine Beamten können zu streng sein; mit einem Wort: der Herrscher eines großen Landes kann nicht überall sein. So ist und bleibt es denn das Los der Dinge auf Erden, dass der Mensch nie den Zustand der Vollkommenheit erreicht, der zum Glück der Völker nötig wäre, und also müssen wir uns in der Regierung wie auch sonst überall mit dem begnügen, was am wenigsten fehlerhaft ist."

Im Winter 1784/85 nahm Friedrich zum letzten Mal am Berliner Karneval teil. Noch einmal versammelten sich seine Geschwister an seiner Geburtstagstafel, ein letztes Mal sah er seine Gemahlin, ohne mit ihr zu sprechen, man speiste fast zeremoniell vom Goldservice. Eine große Zahl reichsfürstlicher Prinzen und Prinzessinnen, viele ausländische Gäste, darunter die Prinzessinnen Czartoryska, Mutter und Tochter, Letztere mit Prinz Ludwig von Württemberg ver-

„Friedrich der Große zu Pferde", unbekannter deutscher Maler

heiratet, verliehen dem Karneval einen besonderen Glanz. Fast schien es, als sei man herbeigeeilt, um eine der letzten Gelegenheiten zu nutzen, den Alten Fritz zu besichtigen.

Bis zum letzten möglichen Zeitpunkt seines Lebens hielt Friedrich eiserne Disziplin. Das betraf sowohl die Tages- wie die Jahreseinteilungen. Regelmäßig inspizierte er die Truppen in den verschiedenen Teilen seines Reiches, nahm Revuen ab und veranstaltete Manöver.

Friedrich August Ludwig von der Marwitz, 1777 geboren, beschreibt, wie man ihn als Kind hochhielt, damit er durch ein Wagenfester den alten König sehen konnte, der von der jährlichen Revue aus Preußen zurückkehrte. Die Kutsche wirkte altertümlich, auf dem Bock saß Johann Georg Pfund, Friedrichs Leibkutscher, der später als Lenker der Quadriga über dem Portal des Kutschstalls in Potsdam verewigt wurde. Im Inneren erblickte er den greisen Monarchen, auf seinem Haupt einen alten Hut, „die weiße Generalsfeder war zerrissen und schmutzig; die einfache blaue Montierung mit roten Aufschlägen, Kragen und goldenen Achselband alt und bestaubt, die gelbe Weste voll Tabak", dazu schwarze Samthosen und die nie geschwärzten, nie polierten Stiefel. Den Knaben beschlich „ein unbeschreibliches Gefühl von Ehrfurcht".

In Berlin und Potsdam nahm Friedrich nie den Wagen, außer während des Karnevals und wenn er in die Oper fuhr. Er ritt bis kurz vor seinem Tod. Am 23. Mai 1785 nahm er die Revue vor den Toren Berlins ab. Von der Marwitz' Hofmeister war mit dem Jungen zum Halleschen Tor gegangen, um den König zu sehen, denn man wusste, er werde seine Schwester Amalie in der Wilhelmstraße besuchen. Friedrich saß auf einem großen weißen Pferd, dem alten Condé, seit dem Bayerischen Erbfolgekrieg sein Lieblingspferd. Die Straße und auch alle Fenster waren voller Menschen. „Er ritt ganz allein vorn und grüßte, indem er fortwährend den Hut abnahm. Er beobachtete dabei eine sehr merkwürdige Stufenfolge, je nachdem die aus den Fenstern sich verneigenden Zuschauer es zu verdienen schienen. Bald lüftete er den Hut nur ein wenig; bald nahm er ihn vom Haupte und hielt ihn eine Zeitlang neben demselben, bald senkte er ihn bis zur Höhe des Ellbogens herab. Aber diese Bewegung dauerte fortwährend und sowie er sich bedeckt hatte, sah er schon wieder andere Leute und nahm den Hut wieder ab. Er hat ihn vom Halleschen Tor bis zur Kochstraße gewiss zweihundertmal abgenommen." Ein König grüßt sein Volk.

Auch in seinem letzten Lebensjahr zeigte Friedrich Präsenz in Schlesien. Am 16. August 1785, drei Wochen nach Abschluss des Fürstenbundes, reist er nach Neiße, um Revuen und Manöver abzuhalten. In seinen frühen Regierungsjahren waren diese militärischen Schauspiele und Übungen von einem großen Geheimnis umgeben. Gesandte und wohl auch Spione erklommen gegen Bezahlung Kirchtürme, um sie mit Fernrohren zu beobachten. Auch bei Hofe anwesende befreundete Fürsten durften sie nur mit besonderer Erlaubnis des Königs besehen. Nach dem Siebenjährigen Krieg wurden die Truppenschauen und Manöver Friedrichs zu einem europäischen Schauspiel: Fremde strömten herbei, ebenso wie berühmte zeitgenössische Militärs und solche, die es noch werden wollten. Bei der letzten schlesischen Revue im Sommer 1785 sind zum Beispiel zugegen: der Marquis François Claude de Bouillé, einst Gouverneur verschiedener Besitzungen in Übersee, später Gouverneur in Frankreich, Mitglied der Nationalversammlung und als Konterrevolutionär im Text der Marseillaise verewigt, General Marie-Joseph Motier, Marquis de La Fayette, Held zweier Welten, des amerikanischen Unabhängigkeitskrieges und Europas, aber auch sein Gegenspieler in Nordamerika, Lord Cornwallis, der die vereinigten amerikanischen Kolonien verlor, aber später Aufstände in Indien und Irland unterdrückte. Zudem war auch Herzog Friedrich August von York, Fürstbischof von Osnabrück anwesend, den Friedrich selbst ausgebildet hatte, später ein bekannter Feldherr in den Napoleonischen Kriegen. Sie alle hatten Friedrich von Berlin nach Schlesien begleitet und wurden von ihm in Neiße und Breslau zum Diner geladen. Und wie einst während der Potsdamer Tafelrunde forderte er die Versammelten zur vollen Redefreiheit auf, „ganz als ob wir im Wirtshaus wären".

Die Revue dauerte mehrere Tage, am 24. August 1785 saß der dreiundsiebzigjährige Friedrich sechs Stunden ohne Mantel bei strömendem Regen im Sattel. Von dieser Strapaze sollte er sich nicht mehr erholen. Zwar nahm er am 9. und 10. September noch die Artillerierevue und das Manöver bei Berlin ab, besuchte aus diesem Anlass ein letztes Mal seine Schwester Amalie, aber die große Potsdamer Revue am 22. und 23. September konnte er nicht mehr persönlich abnehmen. Die herbeigeströmten Schaulustigen mussten auf den bisherigen Hauptdarsteller dieser Aufführungen verzichten.

Ab November verschlechterte sich der Gesundheitszustand Friedrichs zusehends. Bronchialasthma, Verstopfung und blutende Hämorrhoiden quälten ihn. Asthma ließ ihn fast ersticken, hinderte ihn am Schlafen, Kopfschmerzen trieben ihn beinahe in den Wahnsinn. Erstmals verzichtete er auf die Teilnahme am winterlichen Berliner Karneval. Das war in Friedenszeiten noch nie vorgekommen. Friedrich blieb in Potsdam. „Wenn das Alter unsere Tage verlängert, so nur, um unseren Körper unnennbaren Leiden auszusetzen, die uns den Tod wünschenswerter erscheinen lassen als so ein Leben", schrieb er am 15. Dezember 1785 an Heinrich. Hier war sie wieder, die Todessehnsucht.

Heinrich kommentierte den bevorstehenden Tod des Bruders: „Ich weiß nicht, ob wir auf Rosen gebettet sein werden, aber eines weiß ich, es wird weniger Dornen geben als in den letzten 46 Jahren."

Den Winter verbrachte Friedrich im Potsdamer Stadtschloss. Er litt an Atemnot und wie sein Vater und zwei seiner Schwestern an Wassersucht, er hielt sich nicht an die verordneten Diäten. Mitte April 1786 lässt er sich im Wagen ein letztes Mal in sein geliebtes Sanssouci bringen. Besucher wie Gabriel de Riqueti, Graf de Mirabeau und Johann Georg Zimmermann erleben ihn geistig wach, aber körperlich leidend. Am 4. Juli bestieg er zum letzen Mal Condé, zwei Wochen später wurde das Pferd, dass sich frei im Park von Sanssouci bewegen durfte, noch einmal vorgeführt, aber Friedrich schaffte es nicht mehr aufzusitzen.

Friedrichs Vater starb als Dynast. Sein Tod war imponierend, im Bewusstsein seines nahenden Endes bestellte der König sein Haus, nahm Abschied von seiner Familie, den Ministern und Bediensteten, starb in ihrem Kreis. Nach einem nicht immer würdigen Leben verschied er in Würde. Es war das Gegenbild zum einsamen Tod Friedrichs.

„Ich habe als Philosoph gelebt und will als solcher begraben werden, ohne Trauergepränge und Leichenpomp. Ich will weder seziert noch einbalsamiert werden. Man bestatte mich in Sanssouci auf der Höhe der Terrassen in einer Gruft, die ich habe herrichten lassen." So hatte es Friedrich in seinen persönlichen Testamenten von 1752 und 1769 verfügt und hinzugefügt: „Sterbe ich in Kriegszeiten oder auf Reisen, so soll man meine Leiche am ersten besten Ort beisetzen und sie im Winter nach Sanssouci an die oben bezeichnete Stätte überführen."

Er starb, wie er es de Catt knapp drei Jahrzehnte zuvor angekündigt hatte. „Wenn Sie bei meinem Tode zugegen sind, so werden Sie sehen, dass ich ruhig dahingehen werde. Wenn Sie mir nicht neulich zu verstehen gegeben hätten, dass man Dinge achten muss, die die meisten Menschen verehren, so würde ich Ihnen den Grund ins Ohr sagen, weshalb ich dem Tode wie einem einfachen Schlummer entgegensehe, der uns von allen Qualen befreit." Da er nicht an das Fortleben der Seele glaubte, musste er sich auch keine Gedanken über das Jenseits machen.

Am Dienstag, dem 15. August 1786, erwachte er entgegen aller Gewohnheit erst um 11 Uhr mittags und war anfänglich verwirrt, versah dann aber seine üblichen Geschäfte, diktierte unter anderem noch eine seitenlange Instruktion für einen abgehenden Gesandten. Am folgenden Tag versagte ihm die Sprache, er konnte die tägliche Parole für die Wachen nicht mehr ausgeben. Den letzten Tag und die letzte Nacht verbrachte er sitzend in einem Sessel, der noch heute in Sanssouci zu sehen ist, immer wieder ohne Bewusstsein. Als die Uhr elf schlug, erklärte er, um vier aufstehen zu wollen. Er sah eines seiner geliebten Windspiele, zitternd vor Kälte, und verlangte, dass man es zudecke. Er atmete schwer, mitunter stockte der Atem, nach einem heftigen Erstickungsanfall soll er gesagt haben: „La montagne est passée, nous irons mieux", der Berg ist überwunden, jetzt wird es besser gehen.

Mehrfach sackte er zusammen. Einer seiner drei Kammerhusaren, Strutzki, kniete neben ihm nieder und stützte ihn die letzten zwei Stunden seines Lebens, um ihm das Atmen zu erleichtern. Um zwanzig nach zwei, Donnerstag, den 17. August 1786, setzte der Atem aus. Er starb in seinem 75.

Lebensjahr. Er hatte länger regiert als alle andern Monarchen, die zu diesem Zeitpunkt noch in Europa herrschten: sechsundvierzig Jahre.

Sein Nachfolger Friedrich Wilhelm II. veranlasst gegen den Willen des Verstorbenen ein großes Staatsbegräbnis. Der Tote wird in die Uniform seiner Leibgarde gekleidet und am 18. August im Audienzzimmer des Potsdamer Stadtschlosses aufgebahrt, wo ihn jedermann sehen kann.

Am 9. September wird er mit großem Pomp in der Potsdamer Garnisonkirche neben seinem Vater, dem Soldatenkönig, beigesetzt. 1730 hatte er erklärt, es sei ihm unerträglich, ständig mit seinem Vater leben zu müssen. Nun waren sie im Tod vereint, was jedoch bei Friedrichs Auffassung vom Tod bedeutungslos war. Der Trauerzug mit dem leeren Paradesarg wurde begleitet vom neuen König, dem Hofstaat, Militärs und Ministern. Zum Abschluss fand ein Totenmahl für 560 Personen statt. Mirabeau beobachtete keine Trauer, eher Erleichterung: „Es herrschte Totenstille, aber keine Trauer, man zeigte sich benommen ohne Kummer. Man sieht in kein Gesicht, das nicht den Ausdruck von Erleichterung, von Hoffnung trüge. Kein Bedauern wird laut, man hat keinen Seufzer, kein lobendes Wort! Ist das das Resultat so vieler gewonnener Schlachten, so vielen Ruhms? Ist das das Ende einer beinahe ein halbes Jahrhundert währenden Regierung, die so reich war an Großtaten? Alle Welt wünschte sein Ende herbei – alle Welt beglückwünscht sich!"

Diese Reaktionen waren nicht das Resultat gewonnener Schlachten und anderer Triumphe, sondern der Zurückgezogenheit und Resignation eines Königs, welcher der Ruhmsucht seiner Jugend im Alter nur noch Pflichterfüllung oder das, was er darunter verstand, entgegensetzen wollte. Seit dem Ende des Siebenjährigen Krieges, seit 1763, versuchte er mit eiserner Disziplin die Wunden zu heilen, die sein Entschluss von 1740 dem Land zugefügt hatte. Das Rendezvous mit dem Ruhm war für ihn zwingend. Immer wieder hatte ihm der Vater vorgeworfen, er sei unfähig, als sein Nachfolger König zu werden. Noch im hohen Alter verfolgte ihn der Vater in Träumen. Friedrich wusste früh, dass er in einem wichtigen Punkt seinem mit dreizehn Kindern gesegneten Vater niemals nachfolgen konnte. Daran hinderte ihn seine homophile Veranlagung. Er konnte die Dynastie nicht fortsetzen. Da er aber trotz der Vorhaltungen seines Vaters fest entschlossen war, einer der größten Könige seiner Epoche zu werden, musste diese Tatsache kompensiert werden, vielleicht nicht nur deswegen, aber mit Sicherheit auch infolgedessen das Rendezvous mit dem Ruhm 1740.

Wer sollte um ihn trauern, sein Nachfolger, der seit Jahren, wie schon sein früh verstorbener Vater, unter der Verachtung Friedrichs zu leiden hatte, den Friedrich zweimal zur Heirat mit einer ungeliebten Frau gezwungen hatte, damit er an Stelle des Königs für den Fortbestand der Dynastie sorgte? Sollte der Adel trauern, gar die Damen des Adels, die seit Jahrzehnten auf ihren Glanz am Hof verzichten mussten? Sollten die Bürger und Bauern trauern, die unter den hohen Steuern litten, um die übergroße Armee zu unterhalten, die Friedrich während seiner ungewöhnlich langen Regentschaft brauchte, um die Beute seines ersten Regierungsjahres zu verteidigen?

Der reale Herrscher Friedrich war am Ende seines Lebens längst nicht mehr populär, und sein Tod löste keine große Trauer aus. Unverbunden daneben steht die wachsende Popularität seines Mythos.

Eine gefühlvolle Anteilnahme wurde auch durch die Zerrissenheit und Widersprüchlichkeit seines Wesens erschwert. Er war der Verfasser des „Antimachiavell", doch auch ein skrupelloser Machtpolitiker, der kunstsinnige Rokokofürst, der Schlösser und Kirchen bombardierte, der zärtlich liebende Bruder und Freund, der gegen andere so rücksichtslos war wie gegen sich selbst, der musische Feingeist, der im Feldlager Flöte spielte, während Zehntausende dem Tod ins Angesicht schauten. Sein Wesen schwankte zwischen der sich immer wieder zeigenden Sehnsucht nach dem Schönen, dem Willen, dem Staat und den Untertanen zu dienen, sowie einer brutalen Härte und einem menschenverachtenden Zynismus.

Erst nach über zweihundert Jahren, 1991, wurden seine sterblichen Überreste nach Umwegen über ein Bergwerk in Thüringen, eine Kirche in Marburg und Burg Hohenzollern in Hechingen in der Gruft von Sanssouci neben seinen Hunden beigesetzt. Preußen existierte da schon lange nicht mehr. Manche machen ihn selbst für die seltsame Wanderung seiner sterblichen Überreste und den weiteren Verlauf der deutschen Geschichte verantwortlich. In dieser Einseitigkeit ist das ungerecht, jede Generation kann eigene Entscheidungen treffen. Es stimmt aber auch, dass sein heroisches Vorbild nicht nur positiv wirkte.

Literatur

Karl Otmar von Aretin: Friedrich der Große. Größe und Grenzen des Preußenkönigs. Bilder und Gegenbilder, Wien 1985.
Thomas Carlyle: Friedrich der Große, Berlin 1909.
Christopher Clark: Preußen. Aufstieg und Niedergang 1600–1747, München 2007.
[Ehrenfried] von Diebitsch: Friedrichs des Großen Tagewerk. Auf Befehl Kaiser Pauls I. aufgezeichnet, Leipzig 1918.
Richard Dietrich (Bearb.): Die politischen Testamente der Hohenzollern, Köln 1986.
Sven Externbrink: Friedrich der Große, Maria Theresia und das Alte Reich. Deutschlandbild und Diplomatie im Siebenjährigen Krieg, Berlin 2006.
Karin Feuerstein-Prasser: Friedrich der Große und seine Schwestern, Regensburg 2010.
Friedrich der Große: Das Palladion. Ein ernsthaftes Gedicht in sechs Gesängen, Kommentarband, hg. u. erläutert v. Jürgen Ziechmann, Bremen 1985.
George Peabody Gooch: Friedrich der Große. Herrscher – Schriftsteller – Mensch, 8. Auflage Göttingen 1986.
Bernd-Ulrich Hergemöller: Mann für Mann. Biographisches Lexikon zur Geschichte von Freundesliebe und mannmännlicher Sexualität im deutschen Sprachraum, Hamburg 1998.
Jürgen Kloosterhuis: Katte. Ordre und Kriegsartikel. Aktenanalytische und militärhistorische Aspekte, Berlin 2006.
Reinhold Koser: Friedrich der Große, Braunschweig 1999.
Haug von Kuenheim (Hg.): Aus den Tagebüchern des Grafen Lehndorff, München 1984.
Johannes Kunisch: Friedrich der Große. Der König und seine Zeit, München 2004.
Friedrich August Ludwig von der Marwitz: Nachrichten aus meinem Leben, hg. v. Günter de Bruyn, Berlin 1989.
Hans Pleschinski (Hg.): Aus dem Briefwechsel Voltaire – Friedrich der Große, Zürich 1992.
Theodor Schieder: Friedrich der Große. Ein Königtum der Widersprüche, Berlin 1983.
Willy Schüßler (Hg.): Friedrich der Große. Gespräche mit Henri de Catt, München 1981.
Wilhelmine von Bayreuth: Eine preußische Königstochter, Frankfurt/M. 1981.
Dieter Wunderlich: Vernetzte Karrieren. Friedrich der Große, Maria Theresia, Katharina die Große, Regensburg 2000.
Eva Ziebura: Prinz Heinrich von Preußen, Berlin 1999.

Bildnachweise

S. 15: Friedrich Wilhelm I., König von Preußen (1713–40); geb. Berlin, 14.8.1688, gest. Potsdam, 31.5.1740. – Porträt. (Im Hintergrund das 1715 belagerte Stralsund). – Gemälde, 1729, von Antoine Pesne (1683–1757).
S. 24: Friedrich II. (der Große), König von Preußen (1740–86), geb. Berlin 24.1.1712, gest. Sanssouci bei Potsdam, 17.8.1786. – Kronprinz Friedrich mit seiner Schwester Wilhelmine, spätere Markgräfin von Bayreuth. Gemälde von Antoine Pesne, 1714.
S. 54: Katte, Hans Hermann von; (Jugendfreund Friedrichs d.Gr.); 1704–1730. – „Katt's Hinrichtung" (Küstrin, 6. Nov. 1730; Katte wird als Mitwisser der Fluchtpläne des Kronprinzen vor dessen Augen hingerichtet). – Lithographie, altkoloriert, unbez. Aus: Friedrich Förster, Leben und Thaten Friedrich's des Grossen, Meissen (F.W. Goedsche) 1840
S. 62: Elisabeth Christine, Königin (Friedrich II.) von Preußen, geb. Prinzessin von Braunschweig-Bevern; geb. Wolfenbüttel, 8.11. 1715, gest. Berlin, 13.1.1797. – Porträt als Kronprinzessin. – Gemälde von Antoine Pesne.
S. 70: Rheinsberg / Mark (Bez. Potsdam), Schloss (1734–39 umgebaut durch G.W. von Knobelsdorff, 1736–40 Wohnsitz Friedrichs II. als Kronprinz). – „Ansicht von Rheinsberg". – (Figurenstaffage v. Antoine Pesne. Gemälde, 1737, von Georg Wenzeslaus von Knobelsdorff (1699–1753).
S. 105: Voltaire, eigentl. François Marie Arouet, franz. Schriftsteller, geb. Paris, 21.11.1694, gest. ebd. 30.5.1778. – Porträt. Zeitgenössisches Gemälde von Nicolas de Largillière (1656–1746).
S. 129: Maria Theresia, röm.-deutsche Kaiserin, Königin von Ungarn und Böhmen, geb. Wien, 13.5.1717, gest. ebd., 29.11.1780. – Porträt. Gemälde, um 1743, von Martin van Meytens d.J. (1695–1770).
S. 149: Daun, Leopold Joseph Graf österr. Heerführer, geb. Wien, 24.9.1705, gest. ebd., 5.2.1766. – Porträt. Schabkunstblatt von Philipp Andreas Kilian (1714–1759).
S. 193: Potsdam, Schloss Sanssouci (1745–47 unter Friedrich II. erbaut von G.W. von Knobelsdorff). – „Prospect des Königlichen Lustschlosses Sans-Souci bei Potsdam". – Kupferstich, koloriert, 1748, von Johann David Schleuen d.Ä. (1711–1771).
S. 214: „Friedrich der Große zu Pferde". – Öl auf Leinwand, undat., von unbekanntem deutschen Maler (tätig 2. Hälfte 18. Jahrhundert).